入管を問う

現代日本における移民の収容と抵抗

岸見太一／髙谷幸／稲葉奈々子

人文書院

扉絵装画：クラウディオ・ペニャ《鳥かご en la jaula》

入管を問う　目次

入管を問う——現代日本における移民の収容と抵抗

はじめに

髙谷幸・岸見太一

二〇二一年三月、名古屋出入国在留管理局（以下、名古屋入管）の収容施設でスリランカ人女性ウィシュマ・サンダマリさんが亡くなった。この事件は、社会に大きな衝撃を与え、出入国在留管理庁（以下、入管）にたいする批判が強まった。こうした批判を受けて、入管は、ウィシュマさん死亡事件について調査チームを立ち上げ、問題点の検証を行った[1]。その上で、改善策の第一として、「全職員の意識改革」を訴え、「出入国在留管理の使命と心得」の策定を掲げた。この「心得」は二〇二二年に公表されている。

しかし、入管収容所で亡くなったのはウィシュマさんが初めてではない。それどころか、収容あるいはそこからの送還中に亡くなった人は、一九九七年以降少なくとも二一人にのぼるとされている[2]。またウィシュマさんが亡くなって以降も、入管収容所における暴力が、裁判や報道を通じて複数明るみになっている。これらを踏まえると、入管収容所における収容者の対応の問題は構造的なものであり、ウィシュマさん死亡事件も職員の「意識」の問題とみることは適切ではないだろう。

なぜ入管収容所では、収容者にたいする暴力や死亡に至るまでの放置といった扱いが繰り返し起こるのだろうか。その背景として、入管行政の裁量が大きく、手続に司法のチェックが組み込まれていない点などが指摘されてきた[3]。歴史的経緯から、入管が、戦前・戦中の特高警察のマインドを引き継いでいるという批判もある[4]。確かに、無登録移民にたいする入管の対応をみていると、時代錯誤的な感覚を抱かざるを得ない。とはいえ、戦後七五年以上経過した現代における収容所の暴力が、特高警察のマインドを引き継いだものであることを証明するのは難しい。また仮にそうだとしても、では、なぜそのマインドが現在にいたるまで維持されてきたのか、という問いは残る。さらに、海外の入管収容所やそれに類似する移民・難民を空間的に閉じ込める施設においても同様の暴力が指摘されている[5]。

こうした疑問や指摘を鑑みると、入管行政を深く理解するためには、より多角的な観点からの検討が必要といえるだろう。現代における入管の対応については、近年、ジャーナリストや実務家によって精力的に取り上げられてきた。また、この社会に生きる仮放免者（収容を一時的に解かれている人）、難民申請者の姿に光を当てる映画や小説などの作品も創作されるようになっている。一方で、学術的な考察は、日本の場合、これまで法学以外の分野ではほとんどなされてこなかった。そこで本書では、筆者らの専攻分野である社会学・政治学（政治思想）にくわえ、人類学や社会心理学など他の人文・社会科学の知見も参照しつつ、議論を行う。

入管行政の権力は絶対的であると考える人は多い。確かに、収容所での暴力や死は権力の絶大さを示しているともいえる。だが本書は、この想定を、次のようなそもそも論に立ち返ることで問い直す。すなわち、「なぜ、入管行政は裁量が大きいのだろうか？」「「不法滞在者」はいかなる暴力を受けても仕方がないのだろうか？」「なぜ、収容者の訴えは信用されないのだろうか？」「「不法滞在者」とされる仮放免者はどのような生活を送っているのだろうか？」「結局のところ、入管収容所とはどのような場所なのだろうか？」「あるいは、そもそも入管法違反は悪いことなのだろうか？」――こうした入管行政への問い直しを通じて、本書は、その特質と変遷を明らかにすると同時に、その権力に捉えられつつも抵抗する無登録移民の生のあり方、さらには市民社会の実践と論理を検討したい。これにより、入管行政の権力は絶対的であるという神話は、事実的にも規範的にも解体されるはずだ。

本書では、有効な在留資格がない人を「受け入れ国に滞在／就労の資格がある者としては登録されていない人」として捉え、「無登録移民 undocumented migrant」という用語を用いている。ここからわかるように、「無登録」とは「滞在や就労の資格がある者としては登録されていない」という事実を指し示す表現であり、規範的な判断は含まれていない。また、日本の場合、仮放免者は、在留資格がない者として入管に登録されてはいる。この「仮放免」という曖昧なカテゴリーは、第一章で言及するように「闘の合法性」（C・メンヒヴァル）に含まれるともいえる。ただし、滞在や就労の資格はないため、本書では、仮放免者も含めて「無登録移民」という用語を用いている。

なお同様の表現として、「非正規移民 irregular migrant」が使われることもしばしばあり、筆者らもこれまでその表現を使ってきた。だが、今回、著者間で話し合い、「非正規」という表現は、「正規／非正規」という二分法を前提に「正規」が「標準」や「正しいもの」というニュアンスを含むこと、また「正規／非正規」という表現は、主権国家システムの中で構築された移住レジームを前提にしていること、くわえて日本語の「非正規」は「非正規雇用」の文脈で使われることが多いことを踏まえ、用いないことにした。

以下、本書の構成である。

第一章では、入管行政の権力である収容と追放について説明した上で、無登録移民が置かれている位置をシティズンシップと人権の関係から整理し、それを現代日本における「人権のアポリア」として論じる。その上で、その「アポリア」を乗り越える方策についても検討する。

第二章は、仮放免者へのインタビューを通じて、その生活を国家からの排除と市民社会への包摂として考察する。

第三章は、入管収容所に焦点を絞り、その権力作用とそれに対する抵抗について理論的に検討する。

第四章も、引き続き入管収容所における権力作用に焦点を当てる。収容所における権力を総体的なプロセスとして捉えようとしたのが前章であるとすると、本章では、特に施設職員と収容者との間で働く、より具体的な権力作用に注目する。

第五章は、入管収容所における抵抗として、ハンガー・ストライキを取り上げる。

第六章は、無登録移民の生を保障する論理として、人権と人道に着目する。その二つの論理の歴史的経緯を確認した上で、日本の場合、彼らの正規化を求める言説は、一貫して人道的な論理に基づいてきたことを論じる。

第七章は、そもそも無登録移民として、つまり国家による許可なしに移動し、暮らすことが悪いことなのか、またそうした行為は罰されるべきなのかという問いについて、人の移動の政治理論の観点から検討する。

「おわりに」では、前章までの考察を踏まえ、入管行政によって、また社会的にも排除されている無登録移民が社会的かつ政治的に存在する社会を展望し、本書の括りとする。

注

（1）出入国在留管理庁調査チーム「令和三年三月六日の名古屋出入国在留管理局収容者死亡事案に関する調査報告書」（二〇二一年八月一〇日）

（2）全国難民弁護団連絡会議ＨＰ「入管被収容者の死亡事件」（http://www.jlnr.jp/jlnr/?page_id=3277, 二〇二一年一一月三〇日閲覧）による。

（3）平野（二〇二〇）、申（二〇二〇）

（4）出入国管理法制の成立について考察した大沼保昭は、一九七八年に書いた論文で「入管の場合、警察、しかも特高警察がその主要な担い手であった戦前の感覚が残存しており、人的にも戦後の入管担当者が一時的に警察の系譜を引いていた」ことを指摘していた（大沼［一九七八］一九九三：三〇）。この大沼の指摘は、現代における入管批判でもたびたび参照されている。

（5）ジュネーブに事務所を置く非営利団体の Global Detention Project は、移民や難民を収容する各国の収容施設の情報を収集、分析しているが、多くの国で法的保護や適正手続なしの収容が報告されている（https://www.globaldetentionproject.org/, 二〇二三年三月三日閲覧）。

参考文献

平野雄吾、二〇二〇『ルポ入管――絶望の外国人収容施設』筑摩書房。

大沼保昭、一九九三『〔新版〕単一民族社会の神話を超えて――在日韓国・朝鮮人と出入国管理体制』東信堂。

申惠丰、二〇二〇『国際人権入門――現場から考える』岩波書店。

第1章　入管行政と無登録移民——現代日本における「人権のアポリア」

髙谷幸

「はじめに」でも記したように、二〇二一年名古屋入管収容所でスリランカ女性ウィシュマ・サンダマリさんが亡くなったことは、社会で大きな関心を呼び起こした。その後も、入管収容所における様々な暴力や不適切な対応が報道され、入管収容所の問題が広く知られるようになっている。

収容所内での様々な暴力にかんする収容者の訴えを聞くと、これらを人権侵害という言葉で済ませていいのか、という疑問が湧き起こる。人権侵害という表現は、少なくともその権利を侵害されている人は、人権を有する（べき）人間として認められていることを前提としている。だが、ウィシュマさんへの対応が撮影された名古屋入管内のビデオを見た彼女の妹は、「動物のように扱われていた」と述べている。(1) そして、このような反応はウィシュマさんの妹だけに限られない。むしろ「動物のよう」「人間として扱われない」という表現は、収容を経験した移民・難民たちがほとんど必ずといっていいほど口にするものである。

とするならば、入管収容所における収容者の扱いは、人権を有する人間にたいする扱いというよりも、彼らをそうした「人間」という範疇から切り離していく「非人間化」として捉えた方が適切であるように思われる。同時に、この「動物のよう」な扱いは、入管収容所内だけでなく、無登録移民にたいする入管行政全般の特徴とさえいえるのではないだろうか。これが本書全体を貫く問題意識である。

では、なぜ無登録移民にたいし、「動物のよう」な扱いが可能になっているのだろうか。本章では、収容と追放という入管行政の権力に焦点を当て、そうした扱いを可能にする制度的枠組みについて検討する。それを通じて、日本における無登録移民は、シティズンシップがないがゆえ人権が保障されないという「人権のアポリア」の状態に置かれていることを指摘する。その上で、「人権のアポリア」を乗り越える方策についても考察をしたい。

1　全制的施設としての入管収容所

ウィシュマさんの死亡事件は、閉鎖的な施設で起きる暴力をあからさまに示した。こうした施設を、社会学者のアーヴィング・ゴフマンは「全制的施設」の一種として位置づけている。ゴフマンによると、「全制的施設」とは、「多数の類似の境遇にある個々人が、一緒に、相当期間にわたって包括社会から遮断されて、閉鎖的で形式的に管理された日常生活を送る居住と仕事の場所」を意味する(2)。その上で、彼は「全制的施設」を五つに分類し、その一つとして

「社会に対して意図的危害を加えることがあると感じられている〔人びとから〕社会を守るために組織された」施設をあげた。ここには、刑務所や捕虜収容所、強制収容所が該当するという。ゴフマンはまた、「全制的施設」では、収容者が、施設外の社会生活や他者との関係のなかで築いてきた自己を壊され、「無力化」されると論じている。(3) 収容者の身体と生活の場を一定の空間に閉じ込めることによって、彼らがそれまで築いてきた他者や社会との関係性を断ち切ることが、全制的施設の特徴といえるだろう。同時に、収容所内における度重なる暴力は、この施設が社会から隔てられ、閉鎖的な施設であることに大きくよっている。隔離された場であるということは、そこで作用する力が他の制度や社会関係の制約を受けにくいことを含意しているからである。その意味で、収容所内における暴力やハラスメントは、入管行政がもつ権力をあからさまな形で示しているといえる（第三、四、五章参照）。

さて、このような施設への拘禁・抑留は、法権利という観点からみれば、身体の自由の剝奪を目的とするか、あるいはそれを伴っている。身体の自由は人権のなかでも根本的な権利の一つであり、日本も一九七九年に批准した自由権規約では、誰もが身体の自由という権利をもつこと、また「何人も、恣意的に逮捕され又は抑留されない」と定められている。日本の入管収容の問題は、自由権規約委員会をはじめ国連の人権条約委員会から繰り返し勧告を受けてきた。(4) 国際人権法学者の申惠丰も「必要性を問わない全件収容は、恣意的抑留（収容）にあたる恐れが強い」と指摘している。(5)

このように、入管収容所を「全制的施設」あるいは身体の自由を奪う「拘禁・抑留施設」として捉えた場合、入管収容所は、刑務所と同じ類型に含められる。現実にも、入管収容所が、刑務所と混同して論じられることも珍しくないし、ときには入管収容所の収容者の悪質さを強調するため、意図的に「犯罪者」と混同されることもある。(6)

2 追放のプロセスに置かれる収容所

しかし現実には、収容者が置かれている状況は、「犯罪者」より悪い可能性もある。実際、日本の収容者の中で刑務所に入ったことがある人は、いつ解放されるか分からず何もすることがない入管収容所よりも刑務所の方がまだましだったという人も少なくない。

自らもナチスに追われて無国籍の状態でアメリカに渡った政治思想家のハンナ・アーレントは、難民収容所に収容される無国籍者は法の埒外に置かれ、およそ法が予定していない存在なのだと指摘した。それゆえ、アーレントにとって、無国籍者が置かれている状態は、法違反という形で法に捉えられている「犯罪者」より悪いものだった。彼女は、無国籍者が「正常状態に戻れる唯一の道は、法律に定められている規範を侵すこと、すなわち罪を犯すこと」だとさえいう。というのも、それによって、無国籍者はようやく「他の人々すべてと同じに扱われる立場、すなわち法の前での平等がふたたび与えられる立場に帰」ることができるからである。(7)

このアーレントの指摘から分かるように、法的人格として認められるということは、その法によって特定の生のあり方、振る舞いを要請され、それに違反した場合は制裁を加えられる一方で、法的に保護されることも意味する。法とはいわば服のようなもので、人びとの身体のあり方、振る舞いの仕方を特定の形へと拘束する。しかし同時に、法は、人びとの身体を守るものでもある。これは、逆にいえば、法的人格を剝奪された人間は、身体的存在としてそのまま社会に放擲されることを意味する。つまり、法的人格として認められないということは、法による保護からも排除されることを意味するのだ。そして、日本の無登録移民も、無国籍ではないものの、事実上、法的人格を奪われているような状況に置かれがちである。

また、入管収容所と刑務所は権力の系譜という観点からみても異なっている。もちろん現実には、単純に区分できない場合もあるが、もともとは、入管収容所が、社会あるいは国家にとって「敵」あるいは「不要」と見なされた人びとを留め置き、追放（退去強制）[8]するための施設であるのに対し、刑務所は、犯罪を犯した人々に対する刑罰と更生のための施設である。この違いは、刑務所には刑期と更生プログラムがあるのに対し、日本の入管収容所では、収容期間は「帰国までの間」と曖昧にしか定められず、収容者はただそこに留め置かれるだけという点に端的に現れている。彼らは、そこに閉じ込められるだけであり、社会復帰の対象とは見なされていない[9]。

収容所は、それ自体として単独で存在しているわけではなく、無登録移民を追放するというプロセスのなかに置かれた装置でもある（「収容と追放のながれ」参照）。この追放のプロセスのなかで、収容者の身体を拘束して自由を奪い、また彼らの社会関係を切り離し、自己を「無力化」するという拘禁施設や全制的施設の効力が「活かされる」のだ。というのもこの効力は、収容者を諦めさせて追放に「同意」させ、領土外へ追いやることを可能にしているからである。

3 「収容可能性」と「追放可能性」に覆われた生

以上のように、無登録移民は追放の対象になるため、いつ収容されるか、あるいはいつ追放されるかわからない。こうした無登録移民の生のあり方をニコラス・デ・ジェノヴァは「収容可能性 detainability」や「追放可能性 deportability」と呼んでいる。これは、彼らが実際に必ず収容あるいは追放されるという意味ではなく、むしろそのリスクに常に直面し、それが彼らの生を全般的に規定していることを意味している。[10] 日本の、無登録移民もまた、「収容可能性」や「追放可能性」に覆われた生を生きている。

そのうち未出頭の無登録移民の場合、特に取り締まりが厳しい時期は、できるだけ目立たないように生活をする。彼らは、物理的に存在しているにもかかわらず、「法的な非存在」の状態に置かれ、あたかもそこに存在しないかのように扱われる。[11] 一方、仮放免者は、少なくとも入管によって存在を認識されている。しかし彼らの資格はかなり曖昧で不安定であり、いつ収容・追放されるかは分からない。「仮放免」という名称から分かるように、彼らはあくまでも「仮に」「放免」されている人である。だが実際には、仮放免の状態で二〇年以上暮らしている人もいる（第二章参照）。

彼らにたいして、「なぜ帰国しないのか」あるいは「国に帰ればいいのでは」という反応がなされることも珍しくない。しかし現実には、仮放免者は、難民申請者や、日本で生まれ育ったり、あるいは日本に家族がいるなど、何らかの事情がある人たちである。だが、彼らの日本での滞在は認められにくい。この背景には、前者の場合、日本の難民認定が非常に厳格なこと、また、彼らが唯一正規化される方法である在留特別許可件数が以前と比較して減少している状況もある。二〇〇〇年代半ばには、在留特別許可件数は年間一万件を超えていたが、二〇一〇年以降急減し、近年は一〇〇〇件台が多くなっている[12]。これらの影響もあって、収容と仮放免を繰り返しながら時間が経過するという人々が一定数いる。

このように、移民政策の厳格化と同時に帰国できない人びとにたいする国家の人道的配慮の間で、非常に曖昧かつ不安定な法的資格で長期間暮らす移民は、他の国でも珍しくなくなっている。アメリカにおけるグアテマラやエルサルバドル移民で不安定な資格をもつ者たちの調査研究を行なったセシル・メンヒヴァルは、こうした曖昧なカテゴリーを「閾の合法性 liminal legality」と呼び、その曖昧な資格が、彼らの生活や社会関係にいかに影響を及ぼしているかを論じた[13]。

入管にはまだ見つかっていない者であれ、仮放免者であれ、無登録移民は、いつ追放・収容されるか分からない「収容可能性」や「追放可能性」に覆われた生を生きている。今生きていることが積み重なり未来へと繋がっていく感覚をもつことができず、常に暫定的な生を送っているかのような状況といえるだろう。

無登録移民がその対象となる追放は、現代の国家では「正統」な暴力として認められている。もちろん、追放の対象や方法については、後述するように、それらを制約する様々な規範があるが[14]、追放そのものが全面的に禁止されているわけではない。こうした国家による追放は、世界が主権国家としての国民国家からなる体制としてつくられる過程で整備されるようになった。主権国家とは、それぞれの国家が排他的な領土と人口を抱え、その範囲内において「至高の権力」とされる主権を保持する国家のことである。主権国家の形成は一六世紀の西欧から始まり、帝国主義／植民地支配、戦争、さらには植民地支配からの脱却を通じて世界に広がった。特に一八世紀末からのナショナリズムの勃興や拡散を通じて、それぞれの国家は、領土や人民の範囲を画定し、領域国家・国民国家としてそれらを保護するようになった。この過程のなかで、国家は、自らの成員と認めた人びとに権利と義務を与え、その地位を定めるようになった。この、国家が成員に保障する地位をシティズンシップという[15]。

4　シティズンシップと追放

シティズンシップの保障は、国家にとって成員あるいはそのまとまりとしての人口を管理することを意味している。というのも、人びとに権利や義務を与える場合、誰がその範囲に含められるかを画定する必要が出てくるからだ。これは、人にとっては、シティズンシップの地位保障を通じて、彼にとっているべき場所としての国家が割り当てられることでもある[16]。一方、グローバルなレベルでみれば、シティズンシップは「人類をナショナルな人口に区分する」効果をもつということでもある[17]。それは、世界の人口を、各国家の人口に振り分け、管理するレジームとして機能しているのだ。この観点からみた場合、国境を越えて移動する人は、それぞれの国家の秩序や安寧を脅かす「疑わしい者」として位置づけられる。それゆえ、シティズンシップという国際的な人口管理のレジームは、国家が、難民や移民の移動を規制する正当な根拠となっている。つまり、このレジームの下では、ある国家においてシティズンシップを認められない無登録移民を追放することは、当該国家がもつ「正統な暴力」として認められるのだ。ここから、ウィリアム・ウォルターズらは、追放とは、ナショナルな人口に振り分けるレジームとしてのシティズンシップを構成するテクノロジーとみなしている[18]。つまり、国内レベルでは、成員に権利と義務を保障するシティズンシップは、そのシティズンシップを認められない他者を追放する暴力によっても担保されているのだ。

5　人権のアポリア

とはいえ、たとえシティズンシップが認められなかったとしても、無登録移民にも人権はあるはずだ。しかし、このシティズンシップから排除された人びとがもつ人権の困難を指摘したのが、前述のハンナ・アーレントである。人権とは、人が人としてもつ権利である一方、権利の保障は一般に国家によって担われる。それゆえ国家が権利を実質的に保障する対象は、当該国家でシティズンシップをもつ人びとになりがちである。逆に、シティズンシップをもたない無登録移民や無国籍者は、人権も保障されないことがしばしば起こる。つまりシティズンシップがなく、人権を最も必要とする人こそ、人権が保障されないという事態がしばしば生じるのである。

こうした、人権とシティズンシップの矛盾は、フランス革命期に出された人権宣言「人間と市民の権利の宣言」のときから既に認識されていた。しかしアーレントは、それを現代の根源的な課題として思考した[19]。彼女は全体主義の起原を論じるなかで、二〇世紀前半、第一次大戦と民族自決の原理、旧帝国の崩壊と国民国家の出現という時代背景のもと、ヨーロッパで数多く出現することになった少数民族と無国籍者の問題に焦点を当てた。彼ら、特に無国籍者は、いずれの国においてもシティズンシップをもっていないため、人権こそが彼らにとって最後の砦になるはずだった。しかし現実にはそうではなかった。無国籍者は各国で無権利状態に置かれ、難民収容所への収容や追放へと追いやられたからである。この事態をアーレントは「人権のアポリア」として捉え、次のようにいう。

人権の概念は（略）、人間が国家によって保証された権利を失い現実に人権にしか頼れなくなったその瞬間に崩れてしまった。他のすべての社会的および政治的資格を失ってしまったとき、単に人間であるということからは何らの権利も生じなかった[20]。

その上でアーレントは、シティズンシップがなかった結果、人権も保障されなかった無国籍者が奪われたのは、個々の権利の前提となる「諸権利をもつ権利」だと指摘する。この「諸権利をもつ権利」とは、権利という言葉が使われているものの、必ずしも法的な権利を意味しない。むしろアーレントがこの語で指し示そうとしたのは、「人間がその行為と意見に基づいて人から判断されるという関係の成り立つシステムの中で生きる権利」であり、人間がもつ「世界における足場」でもある。逆に、そうした足場を奪われた無国籍者は「政治的には生ける屍」になってしまうという[21]。

一方、アーレントは、法的な権利はあくまでも国家によって保障されるものと捉えており、人権や「諸権利をもつ権利」が国家を超えた国際機関によって保障されるという考えに対しては懐疑的であった。実際、当時の国際連盟は、無国籍者の追放、さらにはナチスによるユダヤ人らの絶滅作戦に無力だった。

6　第二次大世界戦後の人権保障の枠組みと日本

とはいえ第二次世界大戦とナチスの破局を経験した戦後の国際社会は、アーレントが抱いた懐疑を克服するべく、人権の実効性を高めるような制度的枠組みを作ろうとしてきた。一九四八年に世界人権宣言が発表され、六六年には国際人権規約（市民的及び政治的権利に関する国際規約［自由権規約］・経済的、社会的及び文化的権利に関する国際規約［社会権規約］が採択された（七六年発効）。また難民条約（一九五一年）などの国際人権条約も締結されてきた。これらも含め、九つの主要国際人権条約には個人通報制度が付随しており、国内で救済されなかった人権侵害の被害者が国際的に救済を訴えることができるようにもなっている。

さらに、ヨーロッパ人権条約やヨーロッパ人権裁判所など地域的な人権保障体制も、各国の司法に影響を及ぼしてきた。つまり、各国の司法は、その国の憲法にくわえ国際人権条約にもとづいて判断することで、行政による無登録移民の対応に一定の制限をかけてきた。またEU指令では、収容期間は原則として六か月（場合によっては十二か月を超えない延長が可能）を超えない期間と、上限が定められている。[22] くわえて収容にたいする司法審査が導入されるなど行政の裁量に歯止めをかける制度的な仕組みが導入されている国もある。

現実にも、これらの国際的な人権保障の枠組みは、無登録移民の権利保障に一定の役割を果たしてきた。例えばヨーロッパでは、国家によって退去を求められた移民がヨーロッパ人権裁判所に訴え、その訴えが認められた例もある。[23]

もちろん普遍的人権と、いかなる移民を受け入れるかは国家の主権によるものという考えの間にある根本的な矛盾は解決されたわけでなく、ある国のシティズンシップをもたない無登録移民が脆弱な立場に置かれがちであることは共通している。さらに、二〇世紀末以降、無登録移民や難民が安全保障や政治的課題として認識され、彼らの「違法性」が強調されるようになった。[24] 特に、二〇〇一年の9・11以降、安全保障の観点からの移民対策がより強化され、排外主義や極右の動きも目立つようになっている。

こうしたなか、戦後、難民や移民の権利を拡大してきた欧米諸国でも追放政策の強化や、移民収容の拡大という対策がとられるようになってきた[25]。このような、リベラル・デモクラシーをとる欧米諸国での追放の拡大を「追放的転回 deportation turn」とよぶ論者もいる[26]。とはいえ一方で、彼らの人権を保障したり、あるいは人権侵害を救済するための国際的かつ重層的な法制度が構築され、運用されてきたこともまた事実である[27]。つまり欧米諸国の現状を、単純化を承知でまとめるならば、無登録移民や難民の権利を保障するリベラルな規範やそれを担保する重層的な法制度が整備されていると同時に、それにたいする揺さぶりも生じているといえるだろう。

一方、日本の場合はどうだろうか。日本も、戦後の国際人権規範の制度化から無縁であった訳ではない。しかし他の諸国と比較するとその拘束力はかなり低い[28]（表1参照）。具体的には、日本は、一九七九年に自由権規約と社会権規約を批准し、一九八一年には難民条約にも加入した[29]。それ以外に、女性差別撤廃条約、子どもの権利条約、人種差別撤廃条約など、九つの主要国際人権条約のうち八つを批准・加入している[30]。だが、いずれの条約においても個人通報制度を導入していないため、日本で人権侵害を受けた個人が国際機関に直接訴える手段がほとんど存在しない。また日本を含むアジアには、ヨーロッパやアメリカ州にあるような地域的な人権保障の枠組みも存在しない。さらに、同じアジアでも韓国では四つの条約で個人通報制度を導入しているほか、国内人権機関も設置したが、日本ではそれもない。

こうしたこともあったためか、日本の裁判所が、入管関係の事件を扱う際、国際人権規約に

表１　国際人権保障に関する制度比較

	日本	フランス	ドイツ	アメリカ	韓国
締約国となっている主要国際人権条約の数 *	8	8	8	3	8
個人通報制度を導入した条約の数	0	8	7	0	6
地域的な人権保障 **	×	○	○	○	×
国内人権機関	×	○	○	×	○

* 出典　https://indicators.ohchr.org/（2023 年 5 月 22 日確認）。
主要国際人権条約とは、自由権規約、社会権規約、人種差別撤廃条約、女性差別撤廃条約、拷問等禁止条約、子どもの権利条約、移住労働者権利条約、障害者権利条約、強制失踪防止条約の 9 条約を指す。表の作成にあたっては、ヒューライツ大阪の藤本伸樹氏にもご教示をいただいた。
** ヨーロッパの場合は欧州人権裁判所及び欧州人権条約がある。またアメリカ州には米州人権条約、米州人権委員会、米州人権裁判所がある。

基づいて判決することは非常に限られてきた。(31) むしろ国際人権規約を批准した前年に出されたマクリーン裁判の最高裁判決が、現在に至るまで入管事件に関する裁判の主要な参照枠となっている。この裁判は、米国出身で英語教師として働いていたマクリーンさんがベトナム反戦活動に参加したこと理由に、在留資格の延長申請が入管によって不許可にされたことを争った事件である。(32) このとき最高裁は、憲法に規定された基本的人権の保障は日本に暮らす外国人にも等しく及ぶとした一方で、その「基本的人権の保障は、……外国人在留制度のわく内で与えられているにすぎないと解するのが相当」と判断した。つまり、ベトナム反戦を訴える「表現の自由」という人権は外国人にも保障されているが、外国人の在留は入管による裁量によって決められる。それゆえ、「人権を行使したことが、在留許可を更新されない理由にされるとしてもやむを得ない」というわけである。(33) 在留許可を更新されなければ、その社会で暮らしてきた生活基盤自体が失われてしまうため、この最高裁の判断は、外国人が人権を行使することを躊躇させてしまう効果をもつ。言い換えれば、外国人にとって人権の行使は、在留許可を定める入管法によって実質的に制約されることになる。

このように同判決は、外国人が日本で暮らすことは権利ではなく、主権国家の判断＝入管の裁量によるという入管の主張にお墨付きを与えた（第三章も参照）。それは、外国人の側からみれば、在留資格を与えるかどうかを決める入管の判断が、憲法や国際人権規約によって保障されている人権より上位にくることを追認するものだったともいえる。この結果生み出されてきた、在留資格がなければ、人権は実質的に保障されないという日本の状況は、まさにアーレントが指摘した「人権のアポリア」に他ならない。

以上を踏まえると、人権を実質的に保障するための重層的な制度が整備されているヨーロッパ諸国と比較すると、日本の場合、そのような制度的枠組みが著しく弱いといえるだろう。これは、日本における無登録移民は、アーレントが七〇年以上前に指摘した無国籍者同様、「人権のアポリア」に直面しがちで、「諸権利をもつ権利」も奪われがちであることを意味する。

7　社会的存在としての承認(34)

とはいえ、「人権のアポリア」を乗り越える方策は、国際人権の発達だけに限られるわけではない。本書では、その動きと結びつきつつも、別の観点として捉えられる二つの方法に着目

図１　超過滞在者数と在留特別許可の推移

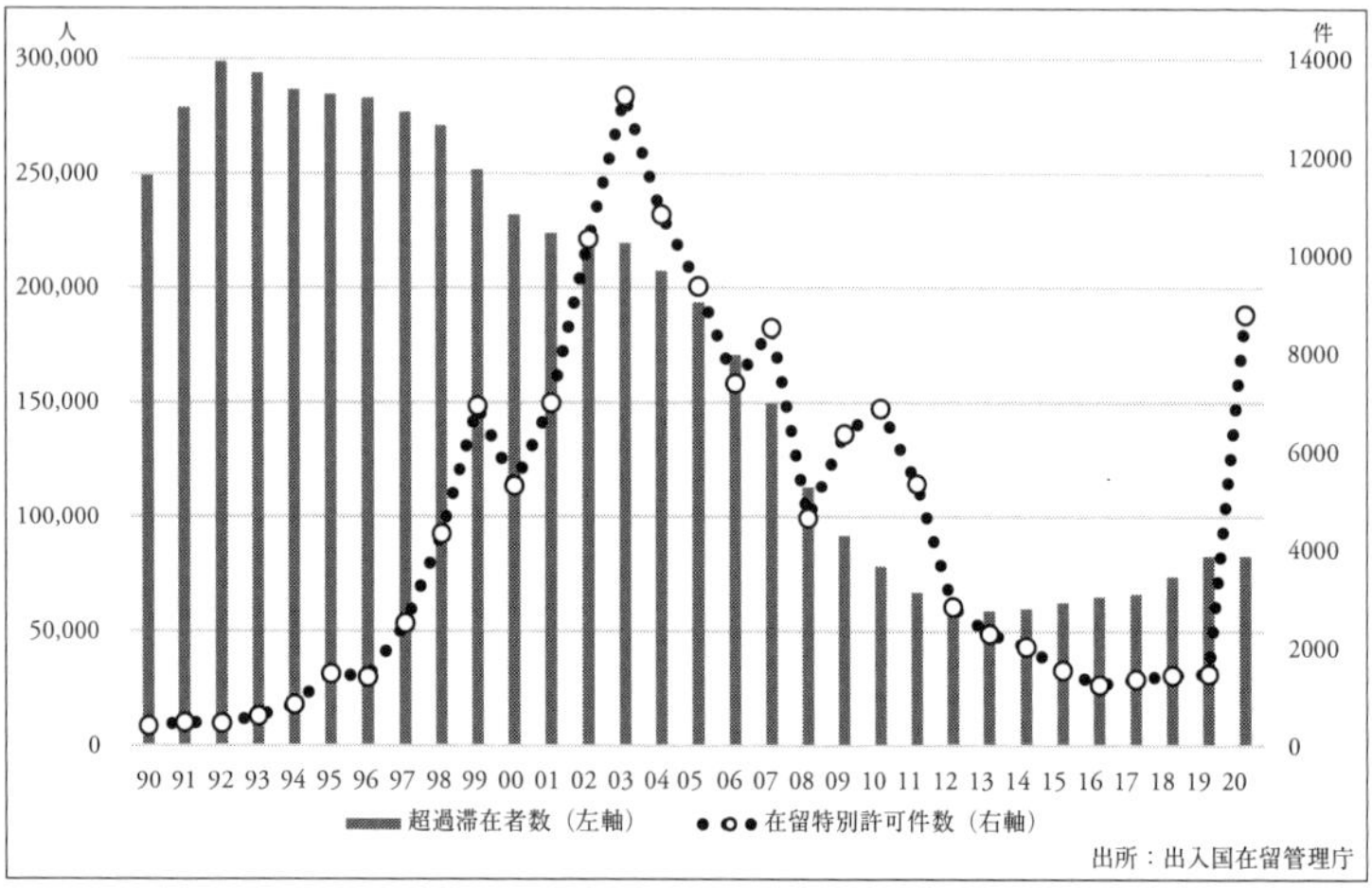

出所：出入国在留管理庁

したい。すなわち社会的存在としての承認と「諸権利をもつ権利」を創り出す実践である。

まず前者の社会的存在としての承認という方法からみていこう。最初に指摘しておけば、こちらは日本の場合、二〇二二年現在よりも九〇年代までの方が受け入れられていた。九〇年代以降の無登録移民を取り巻く状況を簡単に振り返りつつ、その変化を跡づけてみよう。

日本では、一九八〇年頃から移民の数が増加するようになったが、当時は有効な在留資格をもたない無登録移民が少なくなかった。その流れは九〇年代に入ってもしばらく継続し、九三年には超過滞在者（在留期限が切れたまま滞在している人で、無登録移民のうち八割程度を占めると考えられる）は三〇万人弱に達した（図１参照）。

すでに多くの指摘があり、第二章でも論じるように、人手不足だった当時、日本政府や日本社会も彼らの存在を黙認していた。彼らは「不法滞在者」ではなく、「外国人労働者」などと呼ばれ、その多くは建設や製造現場、サービス業などで働いていた。労働省（当時）の推計によると、九三年は約六一万人の「外国人労働者」のうち約四九％が在留資格をもたない無登録移民だったとされる[35]。

一方で、一九九〇年の入管法改定以降、こうした「外国人労働者」を取り巻く状況は徐々に変化していった。この法改定に伴う措置で、「日系人」は三世までは日本で自由に働くことが認められ、九三年には技能実習制度が作られた。これらは、いわゆる「単純労働者」の受け入れを公式に認めていない日本において、非熟練労働現場で働く外国人労働者の受け入れ経路になっていった。その結果、それまで無登録移民を雇用していた労働現場でも、彼らを日系人や研修・技能実習生（当時）に置き換える方策が進められていった[36]。しかしそれでも、地域のなかで暮らし、社会関係を築く無登録移民は珍しくなかった。彼らは、地域社会のなかで存在を承認され、実質的な地域住民として生活していた者も少なくなかった。

だが同時に、治安対策や世界的なテロ対策の強化を背景に、日本でも無登録移民は「不法滞在者」として排除の対象になっていった。二〇〇一年の9・11以降、その傾向はさらに強まり、〇三年からは犯罪対策という文脈で、五ヵ年の「不法滞在者半減政策」が実施された。この期間中は、在留特別許可が数多く認められる一方、強力な取り締まり政策が実施された。結果、〇四年から〇八年までの間に超過滞在者は約二二万人から約一一万三〇〇〇人に減少した[37]。そのうち約五万人は在留特別許可によって在留資格を得たと推定される。

こうした政策のなかで用いられるようになった「不法滞在者」というカテゴリーは、無登録移民を犯罪と結びつけるものであり、彼らの生の軌跡や背景、彼らが社会で暮らしているという事実に対する想像力を遮断する効果をもっていたように思われる。また警察も取り締まりに積極的に関与するようになり、無登録移民が地域でつながりをつくることもより困難になっていった。

さらに、二〇〇九年には入管法が改定され（二〇一二年施行）、それまで無登録移民でも可能だった外国人登録ができなくなった。もともと外国人登録制度は、一九四七年に定められた外国人登録法にもとづいていた。この法律は外国人管理を目的としており、その観点から、登録も、在留資格の有無にかかわらず日本に在留する外国人の義務と解釈されていた。その後、一九九〇年代以降、前述のように無登録移民が地域で実質的に定住化していった過程で、外国人登録証は、彼らの身分証明書としての機能も果たすようになった。というのも、通学や医療等の自治体サービス、銀行口座の開設などで登録証が求められる場合があったからである。無登録移民たちは、これらのサービスを享受する前提として外国人登録を行うようになった。こうした彼らの実践は、社会生活の基盤という外国人登録のもう一つの意味を創り出し、実質化していった。

しかし、このような無登録移民の実践もまた、「犯罪者」としての「不法滞在者」という認識に立てば、「問題」のあるものと見なされるようになっていった。「不法滞在者」が外国人登録できるという事実が警察や政治家から批判されるようになったこともあり、二〇一二年の改定入管法施行とあわせて外国人登録証は廃止され、住民登録にもとづく在留カードに切り替えられた。そしてこの住民登録から、仮放免者も含め無登録移民は排除されることになった。

この住民登録からの排除は、もともと限定的だった、無登録移民にたいする行政サービスを悪化させる懸念があった。市民団体からそうした批判を受けた総務省は、利用できる行政サービスに変更はないとの通知を出したが、実際には、各地の自治体で住民登録がないがゆえ、無登録移民が行政サービスを受けられなかった事例が報告されている[38]。コロナ下においても、無登録移民がワクチン接種を断られたり、コロナに感染して入院した無登録移民が通報されるケースが報告された。一方で、無登録移民が多く働いているという地域の実状に鑑み、ワクチン接種を進めた自治体もあった[39]。また、仮放免者が多いクルド人が数多く暮らす埼玉県川口市は、就労が禁止され、健康保険にも加入できないような仮放免者の状態を改善するよう国に要請した[40]。これらの自治体の取り組みが示すように、地域社会では、無登録移民がそこに暮らしているという事実を無視することはできないといえるだろう。

以上のように、無登録移民が地域や職場で社会関係を築いてきたことは、彼らの実質的な承認に結びついていた。彼らは、「外国人労働者」や「住民」、つまり「社会的存在」として認められていた。こうした社会関係の構築と承認は、在留特別許可として滞在資格を得る際の根拠にもなっていた[41]。「社会的存在」として暮らし、周囲からも認められてきたことは、無登録移民が直面しがちな「人権のアポリア」をある程度克服する効果をもっていたといえる。その後、こうした地域におけるつながりや承認は、彼らの人数の減少や「不法滞在者」対策の強化によって徐々に弱体化させられていった。しかしそれでもなお、「社会的存在」としての無登録移民と彼らの権利を完全に無きものにすることはできない現実もある。

8 「諸権利をもつ権利」を創り出す実践

次に、「人権のアポリア」を克服するもう一つの方法である「諸権利をもつ権利」を創り出す実践について検討してみよう。前述のように、無登録移民はさまざまな法や制度から排除され、追放の危機にさらされている。だが、そのなかで彼らは自らが置かれている状況を生き抜くため工夫し、また状況を少しでも変革しようとさまざまな抵抗を行なっている。例えば、入管収容所では、昔からハンガー・ストライキが繰り返し行われ、それ以外にもイラストの制作など多くの手法で抵抗が試みられてきた。また第五章で詳しく論じるように、近年においても複数の収容所を跨いで大規模なハンガー・ストライキが実施された。さらに、収容所内で限られた道具を使ってヨーグルトやケーキを作ったりという創意工夫もある。[42] くわえて、仮放免者も働くことが認められていないなか自分の家で野菜を育てたり、周囲の人と人間関係を築くことで生き抜きの戦略を編み出している。

このような、無登録移民による生き抜きや抵抗は、世界各地でみられる。これらは「無力化」「生の剝き出し化」(第3章参照)の力に抗し、自らの生きる場を編み出すという点で自律性の発揮である。またその一部は、公共空間において自らの存在を露にするという意味で「諸権利をもつ権利」を創り出す実践としても捉えることができる。

一九九〇年代半ばにパリで「サン・パピエ」（無登録移民）たちが法的な滞在権を求めて、教会を占拠しハンガー・ストライキを行った。このサン・パピエたちの運動に連帯する集まりでスピーチを行った哲学者のエティエンヌ・バリバールは、彼らの抵抗を「集合的な実践」としてのシティズンシップだと述べた[43]。バリバールは、サン・パピエたちは、「単に犠牲者としてだけ現れることをやめ、民主政治におけるアクターになった」のであり、「抵抗と想像力で、民主主義に活力を吹き込み甦らせた」のだと述べる。つまりサン・パピエたちの実践は、フランス、あるいはヨーロッパという受け入れ社会の民主化に貢献しているというわけだ。

その後、このバリバールの短いスピーチは翻訳され、二〇一〇年代に行われたヨーロッパ各地での難民や移民たちに連帯するキャンペーンで参照されてきた。また北米でも、無登録移民が滞在資格を求める運動が度々行われている。二〇世紀末以降、国境管理が強化されるとともに、テクノロジーの進化もあわさり境界が日常の生活空間に拡散されるようになった。同時に、前述のように、無登録移民や難民は「犯罪者」化される傾向が強まった。一方で、こうした動きにたいする移民・難民たちの多様な抵抗や滞在資格を求める運動が生じ、多くの移民受け入れ社会で境界をめぐる争いが展開されてきた[44]。こうした政治的文脈のなかで、多くの論者が、無登録移民や「排除された者」による抵抗、実践に着目し、それらが、新たなシティズンシップを創り出し、デモクラシーを推し進める契機になると論じてきた[45]。ここでは、シティズンシップは、前述のように他者の追放機能をあわせもつ国民国家の制度的地位としてではなく、その地位から排除された人びとの実践そのものとして注目されているといえるだろう。

こうしたなか、政治理論家のアイテン・グンドゥグドゥは、アーレントの議論を参照しながら、サン・パピエの運動を「諸権利をもつ権利」を創り出す実践であると論じる[46]。前述のように、アーレントは、国家（政治共同体）からの保護を失った無国籍者が奪われるのは、「諸権利をもつ権利」すなわち「人間がその行為と意見に基づいて人から判断されるという関係の成り立つシステムの中できる権利」であると捉え、それゆえ無国籍者は「政治的には屍」になると論じた。しかし現実には、無国籍者同様、国家から排除された無登録移民たちは、公共空間を占拠し、自らの行為と意見を述べる政治的主体として現れてきた。

グンドゥグドゥは、こうした無登録移民たちの実践は、国際人権条約も含め現代の法的・制度的枠組みを超えた新しい権利要求であると考える。つまり無登録移民たちの実践は、既存の法の下では必ずしも正当化されていない諸権利をも要求するものだ。しかしだからといって、彼らの要求を無効であると切り捨てることはできない。むしろグンドゥグドゥは、アーレントが『革命について』で展開した法や政治体の創設行為に結びつけ、そうした無登録移民の要求を読み解く。

アーレントは、近代における革命とは、憲法や政治体をその正統性を根拠づけられないところでつくろうとする創設行為すなわち「始まり」であると説いた[47]。つまりそれは、根拠がないところで法（やその法にもとづく共同体）をつくろうとする行為である。同様に、既存の法規範には収まらない無登録移民たちの権利要求も、だから無効というのではなく、基礎づけられていない新しい権利の創設を目指す行為として捉えることができる。グンドゥグドゥは、無登録移民たちが、その新しい権利要求を有効化するため、自ら名乗り、公共空間に現れると同時に、一八世紀のフランスの人権宣言に自らの要求を結びつけたことに注目する(48)。それは、無登録移民たちが自らの要求を、人権宣言の現代版として位置づけていることを意味する。こうした移民たちの運動に着目しつつグンドゥグドゥは、このような政治的実践こそが人権を形づくると論じる。つまり、シティズンシップから排除された無登録移民たちは、自らの政治的実践を通じて「政治的発明」としての人権を打ち立てようとすることで、「人権のアポリア」を克服する方途を示しているのだ。

同様の運動は日本でもみられる。特に、二〇二一年は無登録移民や難民たちの運動が注目された年だった。この年、ウィシュマさん死亡事件にくわえ、関連する内容を含んだ入管法改定案が国会に提出されたことは、収容や追放について社会的な関心を高めることになった。というのも、この法案は、収容所の長期収容を解消するという目的で、難民申請中の送還停止効に例外を設けるなどして、日本に滞在を希望する難民申請者や無登録移民の送還をより容易にするためのものだったからである。この法案に抗議するため、ＮＰＯ団体の移住者と連帯する全国ネットワークは国会審議が行われる日にあわせて国会前シットイン行動を行い、またＳＮＳを通じても幅広く抗議行動が行われた（第五章も参照）。

この国会前シットイン行動には仮放免者も参加し、自らの境遇を訴えた。仮放免者、特に難民申請者が顔を出して自らの意見を訴えることは、入管庁や逃れてきた出身国政府の存在を考えるとリスクのある行為である。しかし同時に、彼らが自らの身体を現前し発した声は、多くの人びとに見られ聴かれた。シットインの場所は、そこに参加した仮放免者にとって自分たちの「行為と意見」によって自ら判断される空間であり、一時的ではあるものの彼らの「諸権利をもつ権利」を実現するような空間だったといえるだろう。そして彼らが「私たちは人間だ」と言ったとき、その人権は、国民国家と結びついた既存の法的枠組みに挑戦する、「政治的発明」としての人権のあり方を指し示していたといえる。この、公的領域で発された彼らの声が連なり、より広い社会へと届けられ、最終的に、入管法改定案の廃案につながった。出入国に関する法案が廃案になるのは、一九七三年以来四八年ぶりのことだった。

注

（1）「入管女性死亡でビデオ映像開示　遺族「動物のように扱われていた」」（『毎日新聞』二〇二一年八月一二日）。
（2）ゴッフマン（一九八四）
（3）ゴッフマン（一九八四：一六）
（4）例えば、自由権規約委員会「日本の第6回定期報告に関する総括所見」（二〇一四年八月二〇日）では、「収容が、最短の適切な期間であり、行政収容の既存の代替手段が十分に検討された場合にのみ行われることを確保し、また移住者が収容の合法性を決定し得る訴訟手続を取れるよう確保するための措置をとること」と勧告されている。
（5）申（二〇二〇）
（6）二〇二一年一二月に入管庁が出した「現行入管法上の問題点」では、「送還忌避者」の三割弱に前科があることを強調していた。

(7) アーレント(二〇一七:二九七)

(8) 追放/退去強制 deportation とは、国家が、物理的な手段をも用いて、同国の国籍や滞在資格をもたない人を国外に排除することを意味する。日本の入管は退去強制という用語を用いているが、本書では、追放と退去強制を同じ意味で用いている。

(9) また、そもそも収容を定める入管法は行政法であり、その違反は刑法の違反に科される刑罰とは異なっている(Silverman and Nethery 2015)。行政法違反だからこそ、収容や退去強制には、刑法令違反にたいする法的な手続きが整備されていないという指摘もある(Kanstroom 2012)。

(10) De Genova (2002; 2007; 2016)。厳密にいえば、外国人は退去強制の可能性がある以上、誰もが「追放可能性」や「収容可能性」にさらされているといえるが、その実現可能性は、在留資格の種類や有無、その他の属性などによってかなり異なっている。無登録移民の場合、この追放可能性や収容可能性によって日常生活のさまざまな場面が規定されがちである。

(11) Coutin (2003)

(12) 在留特別許可件数は、二〇一六-二〇二一年は一〇〇〇件台が続いていたが、二〇二二年は八七九三件に急増した。これが一時的なものなのかはまだわからない。

(13) Menjívar (2006)

(14) 典型的なものは、難民条約33条1項に定められた「難民を、いかなる方法によっても、人種、宗教、国籍もしくは特定の社会的集団の構成員であることまたは政治的意見のためにその生命または自由が脅威にさらされるおそれのある領域の国境へ追放しまたは送還してはならない」とする「ノン・ルフールマン原則」である。日本の入管法でも、この原則に基づき、難民申請中の者は送還を停止するという規定がある。しかし、こうした規定が難民申請の「濫用」につながっているとして、この適用を制限するための入管法改定案が二〇二一、二〇二三年に提出された。

(15) マーシャル(一九九三)。シティズンシップは、後述するように、もともとは国籍と一致していたが、その後、国民以外（外国人）にも一定の地位（滞在資格あるいは在留資格）が保障されるようになった。そのため、シティズンシップは国籍を指す場合と、滞在資格も含めてある国家の成員に保障された地位一般を指す場合がある。本章では、基本的に後者の意味で用い、国籍のことを指す場合はシティズンシップ（国籍）と表記する。
（16）これは、人にとって根源的な自由の一つとされている「移動の自由」と矛盾する原理である。国民国家体制は、移動の自由はそれぞれの国家内部で保障されるという妥協的な形で、その矛盾の解消を図ってきた。
（17）Hindess（2000）, Walters（2002）
（18）Walters（2002）, cf. De Genova（2010）, Ngai（2004）
（19）アーレント（二〇一七）
（20）アーレント（二〇一七：三二二）
（21）アーレントは、『人間の条件』という別の著作で、人がその人の民族などの属性ではなく、行為や意見によって判断される空間を公的領域、そこでの活動を政治と捉えた（アーレント　一九九五）。
（22）Directive 2008/115/EC（https://eur-lex.europa.eu/LexUriServ/LexUriServ.do?uri=OJ:L:2008:348:0098:0107:en:PDF、二〇二三年三月三日閲覧）、秋山（二〇二一）も参照。
（23）泉（2021）
（24）De Genova（2002）, Menjívar and Kanstroom（2013）
（25）De Genova and Peutz eds.（2010）, Kanstroom（2012）, Mountz et al.（2012）, Nethery and Silverman（2015）, Silverman and Massa（2012）。追放研究のレビューとしては、Coutin（2015）参照。
（26）Anderson et al.（2011）, Gibney（2004）
（27）ベンハビブ（二〇〇六）。リベラルな規範以外にも、国際関係や政治制度によっても、主権の実質的な効力は影響を受ける（Ellerman 2005; 2008）。例えば、前者について、追放の局面に着目すると、被送還者の国籍国がその受け入れを拒否した場合、追放することは不可能である。

(28) 筒井清輝は、日本で国際人権が一定の影響力を及ぼしたマイノリティの権利として、アイヌ民族の先住民権や在日コリアンによる指紋押捺拒否運動を挙げている（筒井 二〇二二）。これらのイシューと比較すると、移民の収容や退去強制に対する国際人権の影響力は非常に弱い。その違いは、イシューの内容や提起される時期によるのかもしれないが、具体的な検討は別稿を期したい。

(29) それゆえマクリーン判決が出された時と、環境は変化し、判決の見直しが必要だと多くの論者が指摘している（泉 二〇二一；申 二〇二〇）。

(30) ただし日本政府は、子どもの権利条約に規定された子どもの父母からの分離や家族再統合の申請への取り扱いについては、入管法にもとづく退去強制の結果として、子どもが父母から分離される場合や、その後の家族統合の申請には適用されるものではない旨の解釈宣言をしている（日本弁護士連合会「子どもの権利に関する条約 日本の批准状況」https://www.nichibenren.or.jp/activity/international/library/human_rights/child_ratification.html#:~:text=%E8%A7%A3%E9%87%88%E5%AE%A3%E8%A8%80,%E3%81%82%E3%82%8B%E3%81%93%E3%81%A8%E3%82%92%E5%AE%A3%E8%A8%80%E3%81%99%E3%82%8B%E3%80%82、二〇二二年五月九日閲覧）。

(31) 難民申請が棄却された翌日に強制送還され、裁判を受ける権利が侵害されたとしてスリランカ人男性二名が争った裁判で、東京高裁は、二〇二一年九月二二日に東京入国管理局の対応を憲法違反とした。この裁判は、外国人の強制送還をめぐってマクリーン最高裁判決ではなく、憲法に基づき違憲と判断した初めてのケースとして注目されている（「強制送還で裁判受ける権利侵害「違憲」国に賠償命令」『日経新聞』二〇二一年九月二二日、https://www.nikkei.com/article/DGXZQOUE22A0M0S1A920C2000000/（二〇二二年三月六日閲覧））

(32) 弘中（二〇二一）

(33) 申（二〇二〇）

(34) 本節の記述は高谷（二〇一八）と一部重複している。

(35) 近年は同様の推計は公表されていないが、二〇二〇年の外国人労働者数は一七二万四三二八万人（厚生労働省「「外国人雇用状況」届出報告」による）であるのに対し、同年の超過滞在者数は八万二八九二人となっている。このうち働いている人数はわからないが、外国人労働者に占める無登録移民の割合は非常に小さくなっているといえる。

（36）五十嵐（一九九九）、渡辺編（一九九五）。

（37）法務省入管局「不法滞在者5年半減計画の実施結果について」（二〇〇九年二月一七日）。

（38）特定非営利活動法人 移住者と連帯する全国ネットワーク編（二〇一九）

（39）「接種「在留資格ない外国人」は」『朝日新聞』（二〇二一年一二月二六日）。

（40）「所持金2千年…クルド人の生活逼迫 市長、国に改善要望」『朝日新聞』（二〇二〇年一一月二三日）。

（41）一九九九年、東京の市民団体APFSは、無登録移民が在留特別許可を求めて入管に出頭する行動を実施した（A.P.F.S. 二〇〇二）。この結果、出頭者の一部に在留特別許可が認められた。

（42）平野（二〇二〇）

（43）Balibar, Etienne, 1996, "What we owe to the Sans-papiers", https://transversal.at/transversal/0313/balibar/en（二〇二二年五月七日閲覧）。

（44）Squire ed.（2011）。

（45）バリバール（二〇〇七）, McNevin（2006）, Nyers（2003）。これに対して、メッザードラは、こうした議論の重要性を認識しつつも、シティズンシップという概念を「良いもの」「アクティブなもの」に単純化しているのではないかと批判する。その上で単純化は、シティズンシップの規制的・さらには専制的な次元や、現代の資本主義における非正規化の進展における「市民」の変容などを見えなくさせることを懸念している（Mezzadra 2015）。

（46）Gündoğdu（2015）

（47）アーレント（一九九五）

（48）Gündoğdu（2015: 187-202）

参考文献

秋山瑞季、二〇二一「退去強制手続における外国人の収容」国立国会図書館『調査と情報』No.1140.

Anderson, Bridget, Matthew J. Gibney and Emanuela Paoletti, 2011, “Citizenship, deportation and the boundaries of belonging,” *Citizenship Studies*, 15(5): 547-563.

A.P.F.S、二〇〇二『子どもたちにアムネスティを――在留特別許可取得一斉行動の記録』現代人文社。

アーレント、ハンナ、二〇一七『新版 全体主義の起原2』大島通義・大島かおり訳、みすず書房。

アーレント、ハンナ、一九九四『人間の条件』志水速雄訳、筑摩書房。

アーレント、ハンナ、一九九五『革命について』志水速雄訳、筑摩書房。

ベンハビブ、セイラ、二〇〇六『他者の権利――外国人・居留民・市民』向山恭一訳、法政大学出版局。

バリバール、エティエンヌ、二〇〇七『ヨーロッパ市民とは誰か――境界・国家・民衆』松葉祥一・亀井大輔訳、平凡社。

Coutin, Susan Bibler, 2003, *Legalizing Moves: Salvadoran Immigrants' Struggle for U.S. Residency*, AnnArbor: University of Michigan Press.

Coutin, Susan Bibler, 2015, “Deportation Studies: Origins, Themes and Directions,” *Journal of Ethnic and Migration Studies*, 41(4): 671-681.

De Genova, Nicholas, 2002, “Migrant ‘Illegality’ and Deportability in Everyday Life,” *Annual Review of Anthropology*, 31: 419-47.

De Genova, Nicholas, 2007, “The Production of Culprits: From Deportability to Detainability in the Aftermath of ‘Homeland Security’,” *Citizenship Studies*, 11(5): 421-48.

De Genova, Nicholas, 2010, “The Deportation Regime: Sovereignty, Space, and the Freedom of Movement”, Nicholas De Genova and Nathalie Peutz eds., *The Deportation Regime: Sovereignty, Space, and the Freedom of Movement*, Durham & London: Duke University Press, 33-65.

De Genova, Nicholas and Nathalie Peutz eds., 2010, *The Deportation Regime: Sovereignty, Space, and the Freedom of*

Movement, Durham & London: Duke University Press.

Ellerman, Antje, 2005, "Coercive Capacity and the Politics of Implementation: Deportation in Germany and the United States," *Comparative Political Studies*, 38(10): 1219-1244.

Ellerman, Antje, 2008, "The Limits of Unilateral Migration Control: Deportation and Inter-state Cooperation," *Government and Opposition*, 43(2): 168–189.

Gibney, Matthew, J., 2008, "Asylum and the Expansion of Deportation in the United Kingdom," *Government and Opposition*, 43(2): 146–167.

ゴッフマン、E、一九八四『アサイラム』石黒毅訳、誠信書房。

Gündoğdu, Ayten, 2015, *Rightlessness in an Age of Rights: Hannah Arendt and the Contemporary Struggles of Migrants*, Oxford: Oxford University Press.

Hindess, Barry, 2000, "Citizenship in the International Management of Populations," *American Behavioral Scientist*, 43(9): 1486-1497.

弘中惇一郎、二〇二一『生涯弁護人 事件ファイル1』講談社。

五十嵐泰正、一九九九「職場の同僚／部下としての外国人——外国人従業員を含む仲間意識構築の可能性を中心に」『大原社会問題研究所雑誌』四九一：一－一五頁。

泉徳治、二〇二一「マクリーン判決の間違い箇所」『判例時報 臨時増刊』二四七九号。

Kanstroom, Daniel, 2012, *Aftermath: Deportation Law and the New American Diaspora*, NY: Oxford University Press.

渡辺雅子編、一九九五「事例17東毛地区雇用安定促進協議会（群馬県東毛地区）」『共同研究出稼ぎ日系ブラジル人（下）資料篇・体験と意識』明石書店、一六七－一八四頁。

マーシャル、T・H&ボットモア、トム、一九九三『シティズンシップと社会的階級』岩崎信彦・中村健吾訳、法律文化社。

McNevin, Anne, 2006, "Political Belonging in a Neoliberal Era: The Struggle of the Sans-Papiers," *Citizenship Studies*, 10(2), 135–151.

Menjívar, Cecilia and Daniel Kanstroom, 2014, *Constructing Immigrant "Illegality": Critiques, Experiences, and Responses*, Cambridge: Cambridge University Press.
Mezzadra, Sandro, 2015, "The Proliferation of Borders and the Right to Escape," Jansen, Yolande et al. eds., *The Irregularization of Migration in Contemporary Europe: Detention, Deportation, Drowning*. London: Rowman & Littlefield, 121-135.
Mountz, Alison, et al., 2012, "Conceptualizing Detention: Mobility, Containment, Bordering, and Exclusion," *Progress in Human Geography*, 37 (4) 522–541.
Nethery, Amy and Stephanie J. Silverman, 2015, *Immigration Detention: The migration of a policy and its human impact*, Oxon: Routledge.
Ngai, Mae, M. 2005, *Impossible Subjects: Illegal Aaliens and the Making of Modern America*, Princeton: Princeton University Press.
Nyers, Peter, 2003, "Abject Cosmopolitanism: Politics of Protection in the Anti-Deportation Movement," *Third World Quarterly*, 24 (6): 1069–1093.
Menjívar, Cecilia and Daniel Kanstroom, 2014, *Constructing Immigrant "Illegality": Critiques, Experiences, and Responses*, Cambridge: Cambridge University Press.
申惠丰、二〇二〇『国際人権入門――現場から考える』岩波書店。
Silverman, Stephanie J. and Evelyne Massa, 2012, "Why Immigration Detention is Unique," *Population, Space and Place*, 18: 677-686.
Squire, Vicki, ed., 2011, *The Contested Politics of Mobility: Borderzones and Irregularity*, Oxfordsire: Routledge.
髙谷幸、二〇一八「「外国人労働者」から「不法滞在者」へ――一九八〇年代以降の日本における非正規滞在者をめぐるカテゴリーの変遷とその帰結」『社会学評論』六八（四）：五三一－五四八頁。
筒井清輝、二〇二二『人権と国家』岩波書店。
特定非営利活動法人 移住者と連帯する全国ネットワーク編、二〇一九『外国人の医療・福祉・社会保障相談ハンドブック』明石書店。

Walters, William, 2002, "Deportation, Expulsion, and the International Police of Aliens," *Citizenship Studies*, 6(3): 265-292.

渡辺雅子編、一九九五「事例17東毛地区雇用安定促進協議会（群馬県東毛地区）」『共同研究出稼ぎ日系ブラジル人（下）資料篇・体験と意識』明石書店、一六七－一八四頁。

収容と追放のながれ

収容や退去強制（追放）は、出入国管理及び難民認定法（以下、入管法）によって定められている通り、無登録移民に対して、入管行政が行使する物理的暴力である。一旦「無登録移民」とみなされた人は、追放のプロセスにおかれ、その過程で収容されることになる。たとえば、ウィシュマさんは、ＤＶ被害からの保護を求めて警察に出頭したものの「ＤＶ被害者」として保護されるのではなく、「不法滞在者」として逮捕され、入管に引き渡され、収容された。

この退去強制のプロセスは、形式的には三段階になっている。まず在留資格がないと疑われた外国人に対し、入管は退去強制に該当するかどうかを調べる「違反調査」を行う。そこで「容疑あり」となった場合は収容される。日本の入管制度では容疑がある場合は、原則収容することになっており、これを「全件収容主義」という。なおこの段階の収容は「収容令書」にもとづく収容であり、期限は九〇日（一

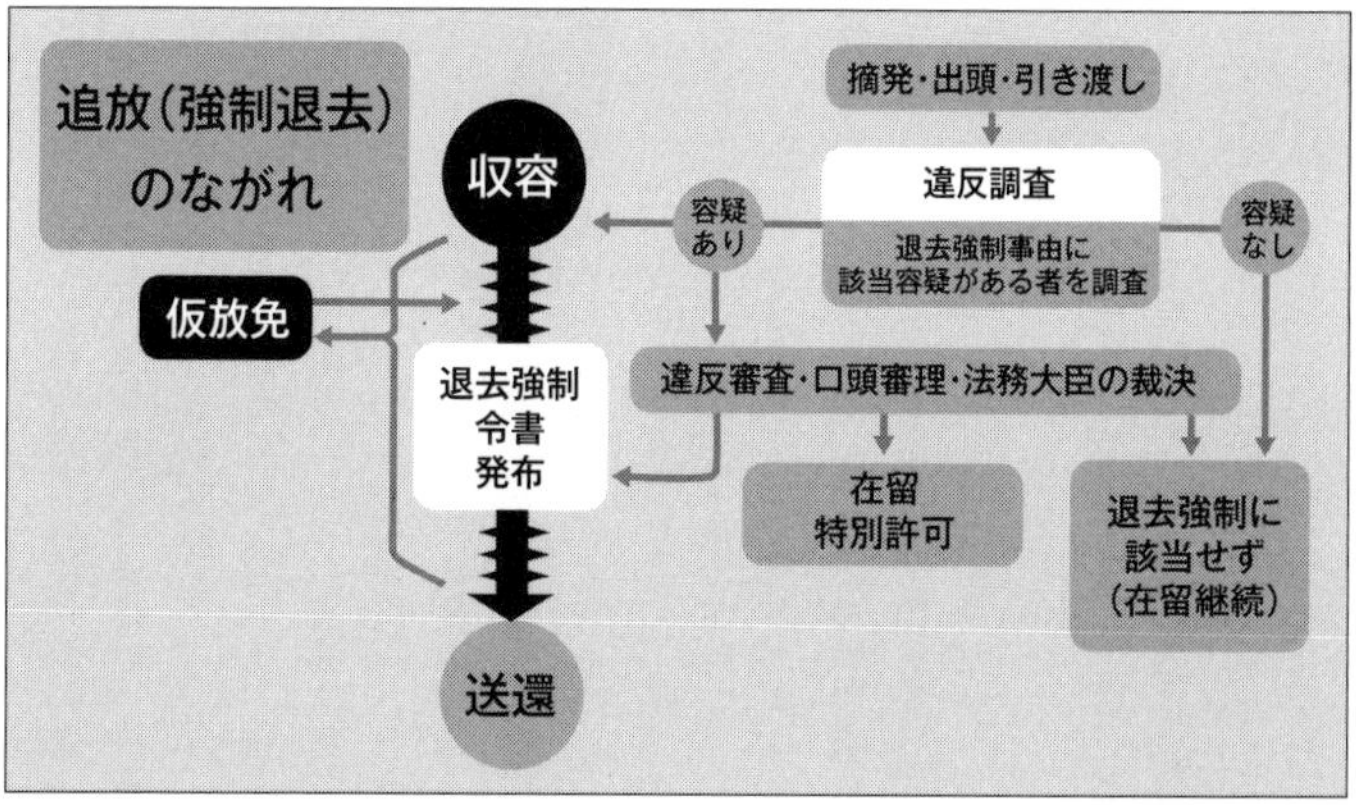

出典：出入国在留管理庁「フローチャート『退去強制手続及びの出国命令手続きの流れ』」を加工（https://www.moj.go.jp/isa/applications/procedures/tetuduki_taikyo_taikyo_flow_00001.html）

回延長可能）となっている。

次に、この収容期間中に、第二段階の審査である「違反審査」が行われる。ここで容疑があるとされた場合は、さらに、第三段階の「口頭審理」が続く。その上で、その審理を元に、「法務大臣の裁決」がなされ、（1）退去強制事由に該当するため、国外へ送還するための「退去強制令書」を発布、（2）退去強制事由に該当するものの日本で暮らす事情があるため「在留特別許可」を認める、（3）退去強制に該当しない（在留継続）のうち、いずれかに振り分けられる。このうち（1）に該当する場合は、「退去強制令書」に基づき、収容が継続される。この「退去強制令書」にもとづく収容は、送還・帰国までの間収容できるとされているため、実質的には無期限収容が可能になっている。なお収容期間中に、体調の悪化等で収容の継続が難しくなった場合は、一時的に収容をとかれることがある。これを「仮放免」、仮放免されている人を「仮放免者」という。現在は、子どもや子育て中の女性は最初から「仮放免」される場合がほとんどである。

このように収容や退去強制に該当するかどうかは複数の段階に分けて判断がなされている。入管はこれを裁判の三審制のように位置づけている。しかし実際には、いずれの判断も入管行政によってなされている。また最終的な判断の根拠は「法務大臣の裁量」であり、どのような判断をしようとも「裁量」で済ませてしまえる形になっている。例えば、仮放免についても、市民社会からの批判や被収容者の死亡などによって一時的に基準が緩められることもあるが、またしばらくすると厳格化されることを繰り返している。近年では、二〇一五‐六年に入管は通達[1]を出し、仮放免許可の厳格化を打ち出した。これにより、帰国できない事情のある収容者の収容が長期化した。コロナ前は、全体で常時一二〇〇‐一五〇〇人くらいが収容されていたが、コロナ下では収容所での感染拡大を防ぐため、多くの仮放免が出された[2]、二〇二二年六月末現在の収容者は一六九人となった。一方で、収容期間は最長のもので九年九か月とされている[3]。

同時に、仮放免者は就労することは禁じられている。また居住地の都道府県境を越えて移動する場合、届出が必要である。こうした措置も、国会で審議された法律に規定されているわけではない。したがって真の問題は、基準が緩んだか厳格化したかという以上に、それらの基準が入管によって独自に設定され、外部からのチェックを免れている点にある。

もちろんこうした裁量が大きく不透明な入管行政に対しては長年、批判がなされてきた(4)。そうした批判を受け、収容に関しては二〇一二年に入国者収容者等視察委員会が作られた。しかし、その委員は入管によって選定され、独立した第三者機関とはいえない仕組みになっている。また、入管の判断に異議がある場合は裁判で争うことも可能だが、コストがかかる上、本書でも指摘しているように、裁判所も入管の判断を追認することが少なくない。

（髙谷幸）

注

（1）法務省入国管理局長井上宏名で出された「退去強制令書により収容する者の仮放免措置に係る運用と動静監視について（通達）」（二〇一五年九月一日・法務省管警第 263 号）及び「被退去強制令書発付者に対する仮放免措置に係る適切な運用と動静監視強化の徹底について（指示）」（二〇一六年九月二八日・法務省管警第 202 号）など。

（2）二〇一七－一九年は年間二〇〇〇件以下だった仮放免許可件数は、二〇二〇年には一転して六〇〇〇件を超えた（出入国在留管理庁二〇二一）。

（3）二〇二一年一一月八日特定非営利活動法人移住者と連帯する全国ネットワークによる省庁交渉における出入国在留管理庁提供資料。

（4）朴（一九六九）、入管問題調査会（一九九六）、平野（二〇二〇）

参考文献

平野雄吾、二〇二〇『ルポ 入管——絶望の外国人収容施設』筑摩書房。

入管問題調査会編、一九九六『密室の人権侵害——入国管理局収容施設の実態』現代人文社。

朴正功、一九六九『朝鮮問題叢書・1 大村収容所』京都大学出版会。

第2章　仮放免者の生活——国家からの排除／市民社会への包摂

稲葉奈々子

出入国管理の権限を持つ主権により、政治・社会的な生が否定され、さまざまな法的保護の埒外に置かれる「剝き出しの生」たる無登録移民。これが本書の主人公である。無登録移民のうち、入国管理局にみずから出頭したり、摘発されたりして、帰国を命じられた人のうち、入管施設に収容されずに、一時的に地域社会での生活を許可されることを「仮放免」という。後述するように、仮放免者は無登録移民のなかでも、難民、あるいはすでに日本に生活基盤が形成されているなど、帰国できない理由のある人たちが多い。それゆえ、仮放免期間が長期化し、人によっては「一時的」が二〇年近くに及んでいる。日本で生まれた、そのときから仮放免のまま成人を迎えた人もいる。もはや「仮放免」は「身分」と化している。

本章に登場する無登録移民は、ほぼ全員が仮放免者である。(1)二〇二二年現在で、仮放免者は約七八〇〇人(2)とされているが、無登録移民になった理由は一様ではない。一九九〇年代のバブル経済の人出不足の頃に来日して働き、そのままオーバーステイになった人もいれば、空港で難民申請して、そのまま入管施設に収容されて数年を経て、仮放免されたばかりの人もいる。難民申請者に与えられる「特定活動」の在留資格の更新を繰り返して十数年が経過したところで、難民として認定されず、在留資格を剥奪されて仮放免になる場合もある。日本人や永住者の配偶者の在留資格を離婚後に取り消された人もいれば、罪を犯して刑務所に服役したのちに、在留資格を更新できなかった人たちもいる。転職のタイミングで就労の在留資格が更新できなかった人もいる。あるいは、幼少期に親と来日したり、日本で生まれ育ったりしても在留資格が得られないまま、大学や専門学校に通学する仮放免の若者もいる。

在留資格を剥奪された経緯は、このようにさまざまであるが、第一章で述べたように「諸権利を持つ権利」すら持たない人の存在は、民主主義社会においては信じがたい事実でもある。それゆえ、仮放免者の生活についての研究は、ときにその非人道的な側面を「見世物的に」強調した「人類学的ポルノグラフィ[3]」になりかねない。しかし現実には、仮放免者だけを隔離したコミュニティが存在するわけではない。日常生活においては、在留資格を持つ外国人を含めて、地域社会の人々と構築する社会関係のなかに仮放免者は埋め込まれている。正規滞在の家族や、ホスト国の国籍を持つパートナーや友だち、同僚など、そこで織りなされる社会関係は多様である[4]。そして日常の活動のほとんどにおいて、仮放免者と在留資格を持つ外国人を区別できるような場面はない。日常の出会いと付き合いのなかで、在留資格が問題にされることは、めったにないからである。しかし、突如として法的現実が日常生活を凌駕することがある。

たとえば高校生のミドリは、小学校五年生のときに母親に同行して入管に行き、「はやく自分の国に帰ってください。帰らないなら、あなたが学校で教室にいるとき、皆の前で連れて行ってもいいんですよ」と言われ、「それまでは、この国で普通に生きて、普通に暮らしていけると思っていたので、自分がおかれている立場を知り、怖くな」ったという。それ以来、ミドリは教室を前にすると手足が震えて動けず、教室に入れなくなった。日常生活の当たり前のはずだった現実が、足元から崩れ落ちていったのである。

それでもミドリは、自分は「日本人」だと思っている。ミドリにかぎらず、子どもは、親も自分も外国籍であることを知っており、親の出身社会の言語を話すことができ、文化的な相違を認識している。それでも自分が「日本人」であると思っていることはよくある。日本に根差した社会関係に完全に埋め込まれることで、本人の経験に基づく認識においては完全に「日本人」なのである。大人の場合は、みずからが国境を越えて移民し、ある時点で在留資格がなくなったことも認識しているため、子どもとは異なる。とはいえ、日常の営みを重ねるなかで、大人もまた日本の社会関係のなかに埋め込まれており、そこから根こぎにすることは容易ではない。

第五章で論じるように、国家が公共空間から排除する無登録移民は、主体性を奪われるどころか、ハンガー・ストライキにより、積極的な行為者として市民社会に包摂されている。その背景には、国民国家のメンバーとして承認されず、排除の対象であり、「存在するはずのない人」、「いてはいけない人」として、国家によってその主張を尊重する必要がないとされながらも、無登録移民が市民社会の共感を得ている事実がある。ハンガー・ストライキなど社会運動は市民社会の支持を得てこそ成功しうる。そして、社会運動として顕在化するのは氷山の一角であり、水面下の日常的な市民社会からの共感があってはじめて成功するといえる。

社会的存在そのものが否定されている無登録移民が、いかにして市民社会の共感を得ることができるのか。本章ではまず、出入国管理の権限を持つ国家主権が、政治的・社会的な生を否定し、あらゆる法的な保護の埒外に置かれる「剝き出しの生」を生み出す問題を明らかにする。無登録移民は、「自然」に、ランダムに発生するわけではない。本書が議論するように、そこには国家の意志が必ず介在しており、無登録移民は「創り出される」ものであり、「発生」はパターン化されている。[5] そのパターン化に作用する国家の意志については、歴史・社会的な検討が必要であるが、それは第三章に譲りたい。本章では、そうした存在たる無登録移民が、国家により公共空間から排除されながらも、市民社会に積極的に働きかける行為者たる姿を示し、それに対する市民社会からの応答を描くことで、無登録移民が社会関係のなかに密接に組み込まれて生き抜く姿を明らかにする。

1 「檻のない牢獄」

仮放免許可を得て、地域社会で生活するようになった無登録移民たちは、しばしば仮放免生活をこのように表現する。

「仮放免になって、収容生活がやっと終わったと思いました。でも、解放されてから気が付いたのは、私たちは、社会的に認められない存在の人たちなのだ、ということです。健康保険に入れない、移動の自由がない、仕事の権利もないからです。収容所の狭い部屋から出て、もっと広い町のなかに収容されたのだと、いつも思っています。」

入管収容所の機能のひとつは、収容者を社会から隔絶することにあるとされる(6)。まさに無登録移民が市民社会の相互依存の網の目に組み込まれることを阻止し、社会とのつながりを遮断する機能を入管収容所は果たす。

仮放免許可を得ても、入管に収容されているのと同じ状態を維持すべく、仮放免者は社会関係の構築につながるような活動を一切禁じられる。基本的人権すら否定されている事実がその状況を端的に表しているが、より具体的には、就労の禁止が典型的な事例である。単に賃労働が禁止されるだけではなく、対価を伴う活動すべてが対象となる。

入管施設に収容されている間は、入管職員が収容者を監視するが、仮放免中には、その監視機能は、地方公務員をはじめとして一般市民にまで拡張される(7)。オーバーステイの外国人は、一九八〇年代末から九〇年代はじめのバブル経済期の出稼ぎがはじまった当初から、「不法滞在者」と名指されてきた。「不法就労」増加を背景に、一九八九年にはすでに、入管法改定にともなって「不法就労助長罪」が設けられている。

しかし入国管理という国家の論理が、地域社会の日常の領域に隅々まで浸透していたわけではない。たとえばバブル経済期の日本経済を支えたのはパキスタンやバングラデシュ、イラン人労働者であり、人手不足を経験する中小零細企業に重宝された。バブル崩壊以降も九〇年代半ばまで、かれらの平均時給はあがり続け、それ以降も賃金は横ばいのまま、比較的高い時給で雇用されていた(8)。また自治体は、在留資格がなくても、外国人登録証も発行していた。筆者がインタビューした仮放免者のなかにも、警察官に車のスピード違反で注意されることがあっても、在留資格がないことで逮捕されたことはない、と証言する人が複数いた。

しかし、だんだんと入国管理と無登録移民の監視という国家の役割を、市民社会も担わされるようになっていく。二〇〇四年にはじまった入管庁の「不法滞在者五年半減計画」では、ホームページ上で「不法滞在者」の通報を一般市民から受け付けるようになった。さらには二〇〇九年の入管法改定で外国人登録証が廃止され、在留カードに一本化されたことで、在留資格のない外国人は住民登録ができなくなった。自治体は、行政サービスを提供するにあたって住民票の提示を求める。結果として、無登録移民が地域社会の一員として認められることがないように、地方公務員は監視する役割を担うようになった。

ところが、当の公務員は、仮放免制度を理解しているわけではない。たとえば、高校生のタケシは、学費が払えなくなり退学を迫られた。高校無償化制度たる高等学校等就学支援金制度の利用を県の教育委員会に申請したところ、職員は、「仮放免」ときいて、「何ですかそれ」と言い質問した。概要を理解すると、「要するに日本にいてはいけない人ということですね」と言いながらも、「住民票さえ出してくれれば適用します」と回答した。タケシが、住民票は出せないから、当該の県に所在する高校の在学証明書で認めてほしいと懇願したところ、「こちらは、在留資格は問わないから、住民票提出だけでよいと、そこまで譲歩しているんですよ」と、怒り出す始末であった。仮放免が何たるかをまったく理解していない対応である。雇用にあたっても在留資格の確認が求められるのは言うまでもない。このように市民社会が入管による監視機能を代理で担わされる事態が生じている。

この事態に疑問を持たない人がいるのは、法務省が、無登録移民を「不法滞在」「不法残留」と名指したことの結果でもある。仮放免者であっても、すべての公的制度から排除されているわけではないが、「不法滞在者には利用できないはずだ」という現場の思い込みがある。上述のタケシの場合もそうだが、仮放免であることを理由にして、入学を拒否する専門学校や大学もある。実際には、仮放免者の入学を妨げる法律は存在せず、専門学校や私立大学はもちろん、国立大学に入学した仮放免の若者は複数名いる。

病院の場合、健康保険に加入できない仮放免者の不払いを危惧して、無料低額医療を提供している機関でも、通院が必要になるような慢性疾患を対象にしないところもある。救急で運ばれればその場での治療はするが、入院治療を必要とする重大な傷病であっても退院を促すことがある。たとえば家賃が払えず立ち退きになり、公園で生活していたある無登録移民は、後ろから何者かに殴られて頭蓋骨が陥没するほどの怪我を負って救急車で搬送された。病院では救急治療は施された。しかし在留資格がないことが判明すると、入院して治療を継続するのに必要な費用を払えないからと、野宿していた元の公園に病院の車で連れていきベンチに放置されたという(9)。

また、仮放免の女性がＤＶ被害を受けてシェルターに一時保護を要請しても、入所は基本的に認められない。離婚後に自ら就労するか、生活保護を受けて自立生活を送ることができなければ、退所の見通しが立たないが、そのいずれも禁止されている仮放免者の場合、「出口がない」という理由で断られてしまうのだ。

公的支援を利用できないだけではない。仮放免者は「一時的に収容を解かれている」状態にすぎず、いつ再収容されるか分からない。再収容は完全に入管の裁量に委ねられているため、仮放免者はつねに、次の出頭時には収容されるかもしれないという恐怖を感じながら生きている。再収容の恐怖を語らない仮放免者はいない。ジャファルは、安売りの野菜のまとめ買いですらためらう。

「仮放免であることは、買い物にまで影響があります。買っても、捕まったらどうなるかと思い、野菜を買うときも、もったいないと思って、たくさん買うのをやめることもあります。朝起きたら、今日は自由だけど、いつまで自由かわからない、という心配がいつもあります。いつ捕まってもおかしくない。そういう気持ちで生活しています。」

これらの事実からすると、仮放免者を社会生活から締め出して、入管施設に収容されているのと同じ状態に置くという法務省の目論見は成功しているように見える。しかし現実に起きていることは、完全に権利を奪われた個人は、「そこにいるけれど、存在しない人」でありながら、「ゾンビ」になるわけではない。ベックは、社会的現実としては死に体だが、概念だけが生きながらえている社会制度を「ゾンビ・カテゴリー」と呼んだ[10]。入管制度についても、全能な国家による国境管理という幻想の上に成立した国民国家は「ゾンビ・カテゴリー」である。むしろ国家が無登録移民の権利を否定すればするほど、国家の保護を受けずに生き抜くために、市民社会に強固に組み込まれていき、「ゾンビ」どころか、生き生きとした存在として姿を現す。「ゾンビ」はむしろ入国管理制度のほうなのである[11]。

無登録移民の権利については、医療など、生存権にかかわる物質的な側面が強調される。こうした物質的必要を満たすにあたって、公的支援を期待できない無登録移民は、市民社会における社会関係を構築できなければ、生き抜くこともできない。だからこそ、国家が排除すればするほど、市民社会はますます強固に無登録移民を包摂していく。

2　未出頭の無登録移民

ここで、在留資格はないが未出頭の無登録移民について補足しておきたい。仮放免許可を得て生活している人は冒頭で述べたように二〇二二年一一月現在で約七八〇〇人だが、在留資格がない、つまり無登録移民全体は約六万人と推計されている。仮放免者のなかでも、本稿は帰国できず、在留資格がないまま滞在期間が長期にわたり、入管が「送還忌避者」と名指す人たちを対象としているが、その人たちと、いわゆる「不法残留者」の国籍にはズレがある。「送還忌避者」(12)に分類される人たちの国籍は、二〇二〇年一二月には人数が多い順に、トルコ、イラン、スリランカ、フィリピン、ナイジェリア、ミャンマー、パキスタン、中国、ブラジル、ペルーとなっている。一方で「不法残留者」は、ベトナム、韓国、中国、タイ、フィリピン、インドネシア、台湾、マレーシア、スリランカ、ネパールである。このズレは何を意味するのか。無登録移民の多くは、入管施設に長期収容される前に、比較的短期間のオーバーステイで帰国していると考えられる。

もっとも「不法残留者」のなかには、入管に摘発されず、みずからも出頭せず、地域社会で長期にわたって生活している人もたちもいる。たとえばエレンとジャックは夫婦で三〇年間、同じ会社で働いている。職場は、小規模の家族経営の会社であり、もはや、かれらなしで成立しない。会社にも「大切に」され、賃金未払いなどの問題が起きたことも一度もない。二人ともすでに六〇歳を超えているが、病院に行く必要が生じたこともない健康な生活を送ってきたという。新型コロナワクチン接種については、市民団体の支援により、自治体職員が自宅を訪問して居住の事実を確認して接種券が発行されている。アランも二五年間、いくつもの会社を転々としながらも、在留資格がある同国人の紹介で仕事が途切れることはなかった。

しかしひとたび健康を害したり、失業したりすれば、何の社会保障もないため、生活はとたんに暗転する。荒海を小舟で渡るような、まさに「板一枚下は地獄」の生活を送っている。実際、アランは仕事を紹介してくれていた知人との諍いが原因で入管に通報され、仮放免になって家賃が払えなくなると、あっという間にホームレスになり、知り合いの家を転々としながら生活している。

このように入管が所在を把握していないオーバーステイの外国人の場合、仮放免者が閉じ込められている「檻のない牢獄」とは異なる恐怖をつねに経験している。仮放免者の場合、仮放免許可を次に更新するまでの期間は、収容されたり、強制送還されたりする可能性は基本的にはない。しかし一度も出頭せず、摘発されることなくオーバーステイのまま生活している外国人は、いつでも収容や強制送還がありうる。この、「つねなる送還可能性」こそが、無登録移民を苛む恐怖の最たるものである(13)。

ムラッドは、警察に職務質問されてオーバーステイで摘発されたとき、「ほっとした」という。それまでは、一八年間毎日、びくびくしながら生活していたが、「今は少なくとも仮放免許可証を持っているので、外を歩くときにびくびくすることはなくなりました。オーバーステイではどうせ雇ってくれるところもないし、いつ捕まるかと不安で外を歩けないような生活はもうしたくないので、逃げようとも思いません。」

オーバーステイのまま長期にわたって滞在してきた人たちは、人手不足の分野で働いており、ムラッドのように「ビザがなくても、給料は他の人よりちょっと安いぐらい。日本もすごく人が欲しかったので、そんなに安いということはなかった」という時代に、地域社会の人間関係のなかに組み込まれていった。モフセンも、「警官に職質されて、ビザが切れているパスポートをみせたときも、悪いことしなければ絶対捕まることはないと言われました。日本にいることが目標じゃなかったけど、ここにいても何とかなるんじゃないかと思った」と語るが、そのようにして滞在期間が延びていったという人は多い。結果として、日本人や在留資格がある外国人の恋人ができて家族を形成した者も多い。

未出頭だった無登録移民は、ムラッドのように摘発される人もいるが、日本での生活も長くなり、先行きに不安を感じるようになり、「そろそろビザをもらおう」と、入管にみずから出頭する人もいる。マーガレットは、そのようにして二〇〇五年に出頭して仮放免となり、六年以上たってから「パスポートを持ってくるように」と入管から呼び出しがあった。「ついにビザがもらえる」と疑わずに、喜んで入管に行ったところ、収容を告げられ「もう外に出られない」と言われてショックで泣き叫んだ時のことは、今も忘れられないという。日本社会にすっかり定着しており、日本人と結婚もしており、帰国は選択肢になかった。

3　市民社会への包摂

仮放免者のなかには、空港に到着して、そのまま日本の地を踏むことなく入管施設に収容された人もいる。いっぽうで在留資格がないまま、地域社会で働いたり、学校に通ったりして生活している人も多い。冒頭のミドリのように、日本で生まれ育ったり、幼少期に来日した子どもたちの場合、生活の基盤は日本社会にしかない。

入管に収容され、社会から隔離されている時ですら、市民社会との関係が日々構築されていることは、第五章で論じるとおりである。家族が日本にいる場合は言うまでもないが、単身者の場合でも、市民社会のなかで生活していれば、人間関係の密な網の目のなかに組み込まれていく。それによって国家が強制的に個人を送還することが不可能になる点では、社会との関係を仲介するのが家族であっても市民団体であっても基本的には同じである。しかし、市民団体の活動は、直接的に公共圏に開かれており、存在しないはずの仮放免者を可視化する。無登録移民を「存在しない」として不可視化するナショナルな水準での法制度が、現実には「法的フィクション」にすぎないことが、市民社会の水準では白日の下に晒される[14]。

就労を禁じられ、公的支援からも排除された仮放免者は、生活のすべてを他人に依存しなければ生きていけない。国家は「法的フィクション」に固執して、帰国を要請し、仮放免者を「存在しないはずの人」として一蹴する。しかし地方自治体で行政サービスを提供する現場では、その「いないはずの人」が、病気で病院にかけこんだり、妊娠して助産が必要になったり、学齢期に達した子どもがいたりする状況への対応を迫られる。現実のほうを「法的フィクション」に合わせることが不可能である以上は、地方の行政当局は、法制度を現実にあわせて運用・変更することになる[15]。

「法的フィクション」が現実社会とかけ離れていることを、さらに先鋭的に経験させられるのが市民社会の行為者である[16]。もともと公的な支援からこぼれ落ちる人たちを支援してきた市民団体にとっては、仮放免者も当然、支援の対象内にある。しかし、仮放免者は、在留資格や日本国籍を持つ支援対象者のように「権利を持っているのに行使できない人」ではない。仮放免者には「諸権利を持つ権利」すら認められていないため、権利行使を手伝って、公的支援につなげるという解決策はない。こうした袋小路にいる仮放免者にシェルターや食料を提供するのは、市民団体や宗教団体である。[17]

ミキが母と弟と住む公営住宅は、彼女たちが通う教会の信者のひとりが借りて、家賃を払ってくれている。メルベイユが両親と住んでいるのも、両親に在留資格があって働いていたときの工場に隣接した教会の一室である。メルベイユたちが通う教会ではないが、難民認定申請が却下されて仮放免になり就労できなくなったことを知った牧師が提供してくれた。仮放免の難民申請者向けに教会の宿泊施設の約三〇部屋を提供する団体もある。ミキとメルベイユを支援するのはキリスト教会だが、モスクに住んでいる仮放免者もいる。生活困窮者を支援する市民団体のシェルターに入居する場合もある。しかし社会的権利のほとんどが認められていない以上は、住居を確保するだけでは、生活できない。食料や被服なども支援団体にすべて提供してもらうことになる。そうした支援者との日常のやりとりを通じて、支援団体の社会的な活動に参加するようになる人も多い。

仮放免者は就労が禁じられているため、日常生活の営み以外に何かをするとなると、対価をともなわないボランティア活動しかない。支援活動をしている市民団体は、もともとボランティア活動を基盤にしているため、しばしば仮放免者に活動の場を提供する。ジャファルは日本語の読み書きが堪能という得意分野を生かして、外国人の子どもに日本語を教えている。イサとムテバはホームレス支援に携わっている。入管施設に収容されている外国人の面会活動をする仮放免者は多いが、マーガレットはそれに加えて刑務所の受刑者の面会も行っている。アベナは労働組合活動に参加している。出身国の民主化運動に、日本を拠点にして参加する人たちもいる。社会的活動にとどまらず、支援団体が開催するシンポジウムやフェスティバル、さらに規模の小さな会食などにも誘われ、ホスト社会の人たちとの付き合いが増えていく。こうした関係性が構築されると、準拠集団は出身国の家族でもなければ、同じ国出身者のコミュニティでもなく、日本の市民社会になっていく。

アミルは、ハンガー・ストライキで健康状態が悪化し、二週間だけの仮放免許可を得たとき、「逃げようと思えば、逃げられたし、逃げようと思いました」という。しかしそうしなかったのは、「支援してくれる人を裏切ることはできない」からだという。在留資格がないことで差別され続けて、日本の市民社会を信用していない人もいるいっぽうで、支援者と出会うことで、「心の傷が治った」という人もいる。

アミルが入管に収容されているときに、「ボランティアがきて、いろいろな人と知り合って、励ましてもらえた。そうやって助けてくれたり、支援したり、応援したりしてくれて、日本人も捨てたもんじゃないと思った」と述べる。さらに、仮放免になってからも支援を受けることで、「私たちも、自分でもやらないと、と思う。ボランティアさんもジャーナリストも私たちが、がんばっている姿を見て支援してくれるし、それでさらに、私たちもがんばろうと思う」と、相互作用が生じる。

4 「裏市民社会」への包摂

もちろん、「市民社会」とは「善良な市民」だけから構成されているわけではない。いわば「裏市民社会」というべき集団に包摂される人もいる。[18]「裏市民社会」に包摂されて、法律に違反する行為をした結果、刑務所に服役し、さらに在留資格を剝奪されることもある。つまり外国人の場合は、ひとつの罪に対して二重に罰が科されることがあるのだ。それ自体が不当なことなのだが、現状では、在留資格を失わないためには、法律に違反しない「善良な市民」としてしか外国人は日本に存在できないのである。しかし当然のことながら、外国人であれば皆が品行方正というわけではない。たとえばケンタは、幼少期に親に連れられて来日した一・五世である。「やんちゃやって」、五回ほど逮捕されたが、一回は保護観察となり、成人してからは不起訴か罰金刑で済んでいた。ところが車の盗難事件に連座したことで、起訴されて実刑となり、刑期が終わると同時に入管の収容施設に直行となった。その後仮放免許可を得て、家族と生活している。

「定住一年ぐらいになるかもとは思っていましたが、まさか在留資格を取り消されるとは思わなかったです」。同じような経歴のケンタの友だちタクヤは、在留特別許可を得たのちに、外国人支援活動に積極的に関与しているという。まさに「善良な市民」としてのふるまいの実践である。ケンタはタクヤが在留資格を再度もらえたことに言及し、「死ぬまで罪を償うから、自分もラストチャンスでいいから行動で示すチャンスがほしい」という。「またやったら終わりと分かっている」と。

彼の言葉は在留資格を得るための方便ではない。刑務所のなかで自分を見つめ直すことができたのは事実だ。しかし在留資格のためには「善良」であるという選択肢しかないのも事実なのだ。ケンタは現在、「悪い子の気持ちが分かる自分の経験を生かして」、「やんちゃをやっている」後輩の相談を受けて、「その道にいて良いこともないし、ハッピーエンドもない。必ず自分と見つめ合わなければならなくなる」と説得する活動をしているという。「よほどの極悪人でなければ、悪いことをやっていても、やりたくてやっている人はいない。心まで悪いわけではないから、だいたいの人は年を取ると自分を見つめ直してまじめになっていく」。つまり「やんちゃ」から「まじめ」へと成長するわけだが、そのチャンスが外国人には与えられていない。はじめから善良な市民として存在することを強いられている。[19]

5　合法と不法の境界領域としての市民社会

無登録移民の排除の経験は、国家が領土内の人口をどれだけ強固に統合しているかにもよって異なる。[20] 北欧のように社会保障制度を通じた人口管理が徹底された国においては、領土を支配する権力としてより、人口を統治する「生権力」[21]としての主権が行使のほうが重要な意味を持つようになる。福祉制度が成熟した国においては、労働を含めて社会生活の大部分に国家が介入してくるようになるため、「不法」滞在者の日常生活の営みは、より厳しくなる可能性があるという。ＩＤ番号がすべての行政手続きと結びつけられているため、社会生活そのものが困難になるためである。

実際、日本の場合も外国人の管理が、地方自治体に登録する「外国人登録証」から法務省の下に一元化された「在留カード」に移行したことで、無登録移民は、行政サービスから排除された。[22] 公的制度からの排除だけではない。民間企業のサービスを利用するにあたっても公的書類が求められる。ジャファルは、銀行口座の開設を断られたときに、人間としての存在を認められていないと強く感じさせられたという。「私たちが銀行でできるのは、口座を閉じることだけですと言われました」と。銀行口座がなければ生きていけないわけではない。しかし、銀行口座が持てなければ、携帯電話も賃貸住宅も契約できない。社会生活の手段を奪われることは、社会から排除されるということであり、人間としての存在そのものを否定されたと感じるジャファルの認識は間違っていない。

日本の無登録移民は、自分たちを排除しない、つまり国家の統治が貫徹していない空間を縫って存在することになる。上述の「裏市民社会」はまさにそうした空間だが、「裏市民社会」が必ずしも「犯罪」と結びついているわけではない。イタリアのようにインフォーマル経済が発達している国であれば、無登録移民はそこで職を得てから正規化されていく。[23] そこでの職とは、介護や家事労働、清掃などであり、一般の市民社会に組み込まれた領域である。[24]

無登録移民が、仮放免許可を更新するために入管に出頭し続けるのは、もちろん在留資格の取得を期待するからであるが、市民社会のメンバーとしての意思表示でもある。市民社会の津々浦々まで国家の統治が貫徹しているわけではない。無登録移民を完全に排除するわけでもなければ、統合するわけでもない、市民社会の「グレー」な領域に属することで、仮放免者は生き抜いている。メンヒバールが「リミナル・リーガリティ（不法と合法の境界領域にあること）[25]」として描くように、シティズンシップから排除されている無登録移民が、社会参加によってシティズンシップを行使しうる領域として市民社会が存在している。欧米でも、無登録移民が、在留の正規化を求める運動によって公共空間に姿を現すことで、市民として認知されていく可能性が指摘されている。[26]

6　創り出される「仮放免」というリアリティ

ただし、「仮放免者の支援」を掲げる活動もまた、かれらを「疎外」をしてしまうこともある。[27] なぜならば、「仮放免者」や「無登録移民」というカテゴリーがあってこそ「支援する・される」という関係がそこに生じるからである。

ジャファルは、日本の市民社会において、自分が「仮放免者」としてしか存在できないことの苦悩を語る。彼は、「寝る場所や食べ物は支援団体から提供してもらえるし、腰が痛いといと、湿布まで郵便で送ってくれる人がいる」という。しかし、それだけでは「人間としての将来がない」という。支援者にとっては、すべての権利を剝奪された仮放免者に、生存する手段を無償で提供する行為は当然である。「遠慮無用」というだろう。だが、支援される側にとっては、自分が「二級市民」であることを思い知らされる場面でもある。ジャファルは「誰かと食事にいっても、私は払えない。子どもみたいに、友だちに払ってもらうのは、恥ずかしいです。だから、私は食事に誘われても、すべて断っています」という。

支援者の側は、主観的には「対等」な関係の構築に努めているだろう。しかし客観的な現実としては、仮放免の大学生であるミカが言うように「私たちは、人に助けてもらわないと何もできない大きな子ども」なのである。

だからこそ、ジャファルは、「支援よりも、存在を認められたいです。人間としての権利、日本で生きている私の存在を認めてほしいです。仮放免者で助けが必要な人としてではなく、自分の名前で、普通の人間として認められて、普通の人間のように働いて生活したいです」と。

ジャファルの希望は、国家から相対的に自立した自給自足コミュニティで生活するのでない限り実現は難しい。とはいえ、市民社会は、完全に国家に従属しているわけではない。国家が無登録移民の排除を強化すればするほど、現実には、市民社会の創意工夫により、主権国家の統制の及ばない自由な空間が生み出され、無登録移民はそこに包摂されていく。ただし、この空間は、現状では、教育や医療などの専門的な領域まではカバーできない。とはいえ、国家が無登録移民の排除を続けるならば、市民社会の創意工夫が、「完全なる自給自足コミュニティ」を生み出すこともありえるだろう。

注

（1）本章のインタビューはすべて筆者が二〇二〇年六月から実施している調査に基づく。人物の名前はすべて仮名である。

（2）特定非営利団体「移住者と連帯する全国ネットワーク」が二〇二二年一一月八日に実施した「省庁交渉」における法務省の回答による。

（3）De Genova（2002）

（4）De Genova（2002）

（5）De Genova（2002）

（6）Fiske（2016）

（7）Mahler（1995）

（8）樋口（二〇〇七）

（9）二〇二一年四月四日一般社団法人反貧困ネットワーク全国集会「生きてくれ――コロナと貧困」資料より。

（10）Beck（2001）

（11）髙谷（二〇二二）

（12）入管庁資料 https://www.moj.go.jp/isa/content/930005082.pdf による。

（13）入管施設に収容されているときは、この恐怖が極限に達する。同室者が早朝に制送還執行のために、無理やり連れだされる場面を何度も目撃したために、巡回する入管職員の靴音が恐怖で不眠に陥ったと語る者もいる。仮放免になってからも、夢のなかの入管職員の靴音の恐怖で目覚めることがあると語る者もいるほどで、つねに「強制送還可能」な状態に置かれることの恐怖にさらされたがゆえに、収容によるＰＴＳＤと診断された者もいる。

（14）Fabini（2021）

（15）Triandafyllidou & Spencer（2020）

（16） Triandafyllidou & Spencer（2020）

（17） Ambrosini（2017）

（18） Friman（2001）, Brotherton（2004）

（19） Chauvin & Garcés-Mascareñas（2014）

（20） Karlsen（2021）

（21）「生権力」とはミシェル・フーコーの概念（Foucault 1976）。統治権力に従わない者を「殺す」権力に置きかわって、近代において現れた、公衆衛生や医学、出生のコントロールなどを通じて、生に積極的に介入して「生かす」権力のこと。また学校や軍隊などを通じた規律訓練により、個人を権力に従順な身体として調教する「規律権力」でもある。

（22） だからといって、日本の福祉制度が北欧の水準になったわけではない。

（23） Bonizzoni（2017）

（24） イタリアほどの規模ではないが、フランスやベルギーにおいても建設や介護、家事労働が無登録移民によるインフォーマル・エコノミーの労働で担われている。

（25） Menjívar,（2006）

（26） Isin（2009）, McNevin（2009）, Swerts & Oosterlynck（2021）

（27） Coutin（1993）

参考文献

Ambrosini, Maurizio, 2017, "Why Irregular Migrants Arrive and Remain: the Role of Intermediaries", *Journal of Ethnic and Migration Studies*, 43:11, pp.1813–1830.

Beck, Ulrich, 2001, "Interview with Ulrich Beck", *Journal of Consumer Culture*, Vol 1（2）: 261–277.

Bonizzoni, Paola, 2017, "The Shifting Boundaries of（Un）Documentedness: a Gendered Understanding of Migrants' Employment-based Legalization Pathways in Italy", *Ethnic and Racial Studies*, 40:10, pp.1643-1662.

Brotherton, David C. & Luis Barrios, 2004, *The Almighty Latin King and Queen Nation: Street Politics and the Transforming of a New York City Gang*, Columbia University Press.

Chauvin, Sébastien & Blanca Garcés-Mascareñas, 2014, "Becoming Less Illegal: Deservingness Frames and Undocumented Migrant Incorporation", *Sociology Compass*, 8/4, pp.422–432.

Coutin, Susan Bibler, 2000, *Legalizing Moves: Salvadoran Immigrants' Struggle for U.S. Residency*, University of Michigan Press.

De Genova, Nicholas, 2002, "Migrant 'Illegality' and Deportability in Everyday Life", *Annual Review of Anthropology*, 31:419-447.

Fabini, Giulia, 2021, "Illegalised and Undeportable Migrants as Translocal Legal Subjectivities", *Transnational Legal Theory*, 12:3, pp442-472.

フーコー、ミシェル、一九八六、渡辺守章訳『性の歴史Ⅰ　知への意志』新潮社。

Fiske, Lucy, 2016, *Human Rights, Refugee Protest and Immigration Detention*, Palgrave Macmillan.

Friman, H. Richard, 2001, "Informal Economies, Immigrant Entrepreneurship and Drug Crime in Japan", *Journal of Ethnic and Migration Studies*, 27:2, pp313-333.

樋口直人、二〇〇七「「ガテン系」への道——労働への適応、消費への誘惑」樋口直人他編『国境を越える——滞日ムスリム移民の社会学』青弓社。

Isin, Engin F., 2009, "Citizenship in Flux: The Figure of the Activist Citizen", *Subjectivity*, 29, pp.367-388.

Karlsen, Marry-Anne, 2021, *Migration Control and Access to Welfare: The Precarious Inclusion of Irregular Migrants in Norway*, Routledge.

McNevin, Anne, 2009, "Contesting Citizenship: Irregular Migrants and Strategic Possibilities for Political Belonging", *New Political Science*, 31:2, pp.163–181.

Mahler, Sarah J., 1995, *American Dreaming: Immigrant Life on the Margins*, Princeton University Press.

Menjívar, Cecilia, 2006, "Liminal Legality: Salvadoran and Guatemalan Immigrants' Lives in the United States", *American*

Journal of Sociology 111:4, pp.999–1037.
Swerts, Thomas & Stijn Oosterlynck, 2021, "In Search of Recognition: The Political Ambiguities of Undocumented Migrants' Active Citizenship", *Journal of Ethnic and Migration Studies*, 47:3, pp.668-685.
高谷幸、二〇二三「「ゾンビ・カテゴリー」としての「単純労働者」」『グローバル・コンサーン』第五号（先行公開版）。
Triandafyllidou, Anna & Sarah Spencer, 2020, "Migrants with Irregular Status in Europe: A Multi-faceted and Dynamic Reality", Sarah Spencer & Anna Triandafyllidou eds., 2020, *Migrants with Irregular Status in Europe: Evolving Conceptual and Policy Challenges*, Springer.

第3章　入管収容所とは何か

高谷幸

「はじめに」でも述べたように、入管収容所に収容された経験をもつ移民・難民のほとんどが、「動物のよう」「人間として扱われていない」と語っている。

本章では、この「非人間化」を入管収容所における権力の作用と考え、それを可能にする入管収容所という空間とその権力の特質を理論的に考察する。同時に、そうした権力が常に収容者の抵抗を呼び起こしてきたことにも注目し、入管収容所とは、「生の剝き出し化」へと強いる主権権力と「人間」であろうとする収容者の抵抗の攻防の空間でもあることも指摘する。

1　収容所の起源と拡散

ナチズムとスターリニズムという全体主義体制について論じたハンナ・アーレントは、絶滅収容所をそれらの体制にとって自らの主張が正しいかを試すための「実験室」として注目している。同時に、アーレントはこれら全体主義体制でみられた収容所につながる特徴をもつ他の収容所として、ソ連における強制労働収容所とともに、ＤＰ収容所（難民収容所）をあげる[1]。難民収容所は、非全体主義国家にも存在する点、またその方法が「ほったらかして見殺しにしてしまうというやんわりしたやり方」である点で、絶滅収容所とは異なっている。しかし同時に、難民収容所も、体制にとって「あらゆる種類の好ましからぬ分子」あるいは「無用で厄介な存在」を収容することを目的にしている点は絶滅収容所と同じである。つまり、アーレントによると、絶滅収容所、強制労働収容所、難民収容所では、いずれもそこに収容された「人間たちはもはや存在していないかのように、彼の身に起こることはもはや誰にとっても問題にならないかのように取り扱われる」点で共通している。このように、彼女は、収容所を人間を「無用のもの」として扱う空間とみなした。こうした、人間の取り扱いが全面化するのは全体主義体制においてだが、難民収容所は、そうした全体主義体制における収容所につながるものとして位置づけられている。

アーレントは、このような難民収容所は、一九世紀末の南アフリカにおけるボーア戦争で初めて出現したと考えているが、歴史家のダン・ストーンによると、同時期に西洋諸国による複数の植民地で同様の収容所が設けられたという[2]。

ストーンの説明を簡単にまとめてみよう。彼は、強制収容所を「民間人を収容するために設計された固定した構造をもつ隔離され囲われた場」とひとまず定義する。このような収容所の原初の一つは、一九世紀、アメリカやオーストラリアで、現地の先住民や「好ましくない民間人」を追放したり隔離することによって、彼らを管理し始めた点に求められる。強制収容所は、そうした現象の「論理的拡大」として、一九世紀末から二〇世紀初頭、米西戦争におけるキューバ、ボーア戦争における南アフリカ、アメリカが介入したフィリピンなどで誕生した。これら植民地支配をめぐる戦争下で、西洋の軍隊は、ゲリラを支持している疑いがあるとみなした現地の人びとを一掃するため焦土作戦を採用した。これが、土地から追い出された人びとを留め置くための強制収容所の創設につながったという。(3) こうして強制収容所は戦争の武器、全面戦争の手段となったのである。またヨーロッパ人が優れ、現地人を劣っていると考える人種主義的思考も収容を正当化するものでもあった。

その後、植民地支配下で設けられた強制収容所は、コミュニケーション技術の発展も背景として、第一次大戦、旧帝国の崩壊と新しい国民国家の創設という文脈においてヨーロッパでも導入され、さらに他の地域にも広がったという（「入管収容所の歴史」参照）。このときヨーロッパ諸国は、民間人の収容を自らの安全あるいは「自己防衛」の手段と見なした。そして、この「自己防衛」という考え方は、異なる国の出身者を「敵」とみなし、国籍や権利を剥奪する扱いをも可能にした。例えば、一九一五年にフランスが、帰化によりフランス国籍を取得していた「敵出身」の人びとからその国籍を剥奪し、ベルギー、イタリア、オーストリア、ドイツがその後に続いた。これらの措置を通じて、「人は、国籍を奪われ、無国籍へと切り詰められ、法の便益を剥奪されうる」というアイデアが広く受け入れられることになったという。こうして植民地空間において存在していた「例外状態」は、他の地域でも採用され、「国家の監獄的なレパートリーの一部として強固に確立されたものになった」とされる[4]。

2 植民地支配と行政

前節で見たように、収容所の起源は植民地支配にある。ではなぜ、植民地国家において収容所が生み出されることになったのだろうか。それは単なる偶然というよりは、植民地国家の支配原理にも関係している。アーレントは、一九世紀末からの帝国主義時代における植民地国家が、当時ヨーロッパに存在していた立憲国家と異なる原理を持っていることに注意を促している。その一つが、アーレントが「官僚制」とよぶ支配原理である。ここでの官僚制とは、役人機構のことを意味するのではなく、行政が多大な権限をもつ支配のことである。すなわち

官僚制とは、政治に代って行政が、法律に代って政令が、決定者の責任が問われ得る公的・法的決定に代って役所の匿名の処分が登場する支配形態である[5]。

アーレントは、こうした官僚制を「行政手段による支配」とも呼び変え、その「技術上の特徴は、合法性、つまり普遍的妥当性をもつ法律の永続性が放棄され、その代わりにその時かぎりの適用を目的として次々に乱発される命令が登場するという点にある」と指摘する[6]。帝国主義は、自らの支配域を膨張させていく運動原理をもっている。そうした膨張政策を支えるには、

法律という確固とした、それゆえ変化に対応しにくい基盤は不都合である。そこで、法律に代わって役所＝行政の規定という政令にもとづく統治がなされることになる。アーレントは、このように考え、行政に大きな権限が委ねられた植民地主義国家の支配形態は、ヨーロッパの立憲的な国家のそれとは異なるものだと考えた。

とはいえ、政治思想史家の大竹弘二によれば、ヨーロッパにおいても近代国家は、もともと行政国家として出発した[7]。今日、行政は、法の執行に携わる政治領域やその活動（統治）を意味する。この観点からいえば、行政は、立法があってはじめて成立する領域や活動のように思える。しかし大竹は、カール・シュミットの議論を手がかりに、近代国家の本義を行政活動に見出す。近代国家は、宗教対立が続く時代を背景に生み出されたが、そうした秩序の崩壊状況における政治は宗教や神学に規範性を求めることができなくなり、それらから自立した「固有の論理」が求められるようになっていった。そこで新たな統治の論理として生み出されたのが国家理性論であり、それは、戦争や内乱状況という例外状態において安全を確保するために「法や道徳を侵犯して執行される統治技術」を正統化する議論だったという[8]。また、こうしたなかで「公共善」とは、「市民たちが有徳な政治生活を送るための共同目的ではなく、もっぱら公安と秩序の確立を意味する語へと変容してい」ったとされる[9]。

だが、このように統治が、法や道徳をも超えて機能するということは、恣意的な権力行使につながりかねない。この点を問題視したシュミットは、統治を規制する原理として近代主権原理が構想されたと考える。主権は、立法権として定義されることが一般的だが、大竹によると、それは、必要の名のもと無限に拡大する可能性をもつ統治の実践に、法的な規範という歯止めをかけるものとして発明されたという。

……主権の本質的定義は、それが「立法権」であるということだ。それは国家のあらゆる実定法の規範根拠であり、統治に規範性をもたらす正当化の源泉である。[10]

ここから、近代政治の特徴ともいえる、三権分立や「公開性」の原則が導き出される。そこでは議会が「公開性」を体現し、その立法権が主権の発露の場として想定されている。一方、行政は、主権の担い手すなわち人民の代表である議会によって生み出された法の執行機関であり、法、具体的には司法あるいは立法機関によってその執行を絶えずチェックされる。付け加えれば、この三権分立の外には、市民社会（公衆やメディア）という「公開性」の原理に基づく監視もあるだろう。こうして行政という統治の領域は主権や法によって規範性を与えられ、飼い慣らされる。

このように統治と主権の関係を整理した大竹は、にもかかわらず、主権理論は、近代の歴史において「統治を飼い慣らすことに根本的には成功しなかったのではないか」という疑念を提示する。[11] 大竹が直接念頭においているのは、新自由主義的政策に典型的な「国家の民営化」や政策過程における専門家への委託など、法や主権から離れた形で政治が展開されるようになっている今日的な事態だが、同時に、そもそも「統治は本質的に、法や主権から分離していく可

能性を孕んでいる」と指摘する。(12)

3　入管収容所の権力

大竹は、統治が「法や主権から分離していく可能性」についてそれ以上の展開はしていないものの、本章の関心からいえば、そうした形で統治が展開される典型的な分野が、出入国管理行政である。それは、近代国家における行政活動のなかで、出入国管理という領域がもつ特異性によっている。その特異性を、べ平連（ベトナムに平和を！市民連合）の活動で、入管収容所に収容された「密航者」らの解放を求めていた小田実が書いた文章から考えてみよう。以下は、小田が、鶴見俊輔とともに地方の入管収容所を訪れ、その責任者と相対する場面を描いたものである。

その二人のキツネウドンのえらいさんのひとりがヒョイと、まったくなにげない口調で言ったのである。「書いてありませんか。それなら、私が書きますよ」

……いろんなやりとりのあとで、鶴見さんが、どこから手に入れてきたのか、収容所の規則とか細則とか、要するに、収容所の法律の文書をもち出して、えらいさんの発言の矛盾を指摘したのである。

……国家とは朕のことだ、と言った王様が昔のヨーロッパにいた。言いかえれば、法律とは、すなわち、朕が書くものだ、ということだろう。まぎれもなく、私の眼前のキツネウドンのえらいさんは、そうした大王の位置に立っていた。……いや、私をさらにおどろかせたのは、彼が大王になりながら、依然として、キツネウドンそのものでもあったという一事だろう。[13]

「キツネウドン」は、松本清張の小説に出てくる、いつもきつねうどんばかり食べている刑事のイメージから取られ、一介の行政職員を意味している。ここで小田が指摘しているのは、彼らが「私が書きますよ」と自ら「法」を作り出す力をもっているということである。またその力は、行政機構のヒエラルキーにおける彼らの位置とは見合わないほど大きな権力である。つまり小田がいうように、一介の行政職員が、絶対主義国家の王に比類するような「生殺ヨダツの権をにぎる全知全能の神のごとき存在」になるのが入管収容所である。

このように、入管は、「法」を自ら生み出す力をもっている。これは、法学の分野では、入管がもつ広範な裁量権として位置づけられてきた。[14] 入管自身は、この裁量権の大きさの根拠を、出入国管理行政が、国家の主権に属する事項であるというその内容の特異性に求めている。[15] つまり国家は、誰が国内に入国するか、またその滞在を認めるかどうかを自由に判断できるのであり、それを実際に判断し、執行するのが入管である、というのが彼らの立場である。あわせて最高裁も、このような入管の立場にお墨付きを与えてきた。第一章でも触れたように、一九七八年のマクリーン事件の最高裁判決において示された「外国人に対する憲法の基本的人権の

図2　国民主権と入管行政

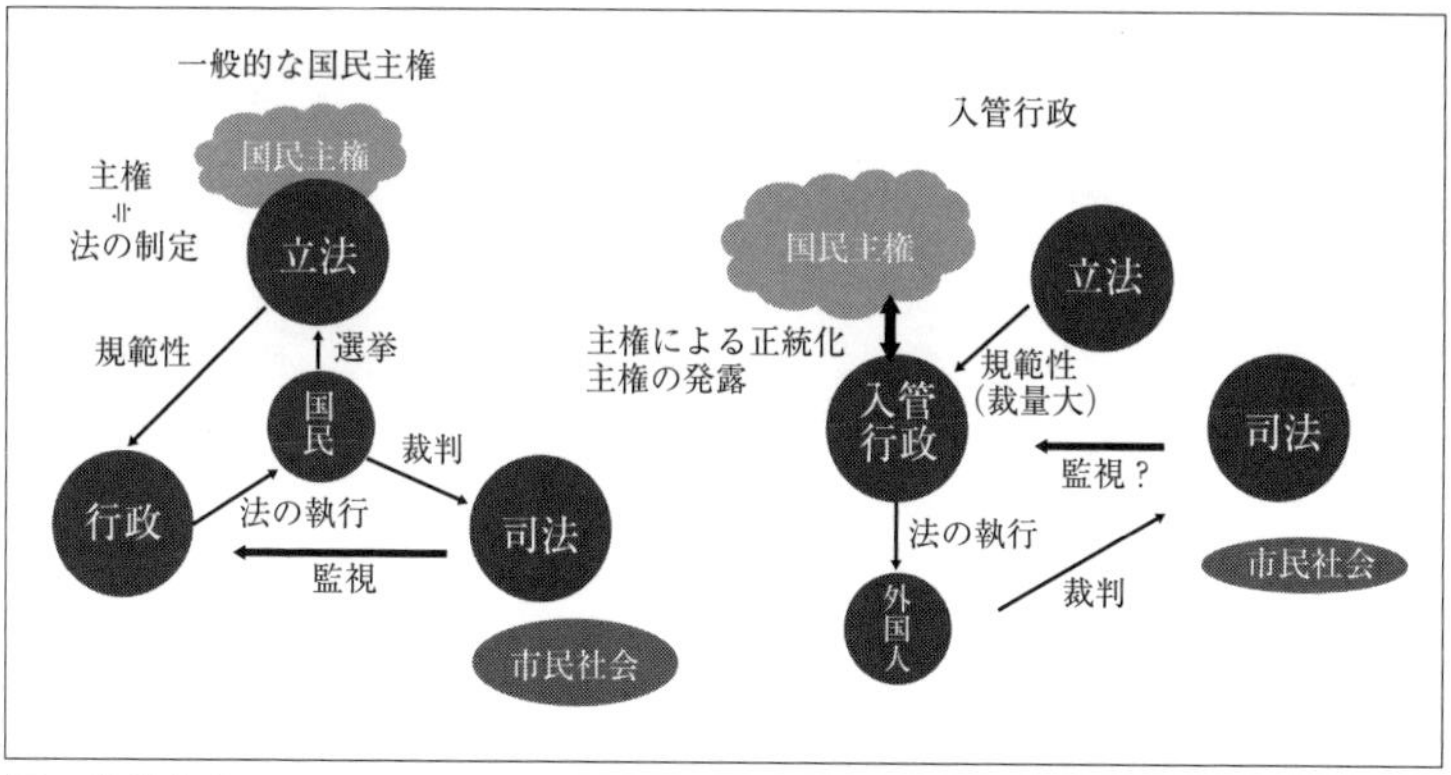

図：筆者作成

保障は、……外国人在留制度のわく内で与えられているにすぎない」という判断がそれである。そしてこれ以降、この最高裁判決は、外国人の在留を争う裁判で参照され、入管の広範な裁量権を認める判決の根拠となってきた⑯。

このように、入管行政を国家の主権に属する事項を扱う領域と位置づけることは、逆にいえば、入管行政を主権の発露とみなすということでもある。前述のように、一般的には、主権や法は行政の働きをチェックし、場合によっては歯止めをかける役割をもつと想定されている。しかし入管行政の場合、その執行は主権を体現するもの、より具体的にいえば主権の執行部隊として位置づけられる。同時に、そもそも主権とは抽象的な権限である。それゆえ具体的な場面では、何をもって主権の行使といえるかがあらかじめ決まっているわけではない。前述のように入管職員が「私が書きますよ」として、「法」を自らつくることができ、それを主権の行使として正統化できることになる。つまりここでは入管行政は、主権によって飼い慣らされるべき領域だと考えられていない。むしろ入管行政は、自ら「法」を創設し、それを主権の行使と位置づけるのである。くわえて、入管行政の場合、法律が停止される必要もない[17]。というのも、前述のように、入管法自体が、入管行政の裁量を広く認める形に定式化されているからである。すなわち入管行政の領域では、法律自体が、統治の効果として主権が生産されることをあらかじめ許容しているのだ。したがって、入管行政は、非常に純粋な形で「統治行為の効果として主権が生産され」うる場[18]といえるだろう。

これは、入管行政という領域が、国民主権という原理で一般に想定されている「三権分立」や「公開性」の原則、それらによって成り立つ「民主的統制」が非常に及びにくい構造になっているということでもある。図2に示したように、一般的には、主権者である国民（の代表）は立法という形で主権を行使し、それによって成立した法律を執行するのが行政である。行政は執行レベルでの裁量があるが、その執行が法の定めた範囲を超えているかどうかは司法が監視できる。これが「三権分立」である。これに対し、入管行政（ここでは外国人を対象とする範囲に限る）の場合、外国人は立法＝主権の担い手ではない。一般に、民主主義では、法の担い手（主権者）が法の支配にしたがうという意味で、「支配し支配される関係」が成立していると想定されている。しかし入管法の場合、その支配に服する外国人は法の担い手ではない。つまり外国人は「支配される」だけの関係であり、民主主義の枠外に位置づけられている。また上述のように、入管行政は自らの行為を主権の発露として位置づけ、自らの執行を正統化しようとしている。さらに日本の場合、出入国管理が行政不服審査法の対象外とされていることや、前述のマクリーン判決の影響を踏まえると、行政の監視という司法の役割も弱められている。ここからわかるように、入管行政の領域では、もともと肥大化する傾向のある行政を監視し、飼い慣らす役割を果たすアクターがほとんど存在しないのである。もちろん「三権分立」の外部にある市民社会も監視の役割を果たしうるが、逆に言えばそれに頼るしかできないともいえる。

4　入管収容所における生の剥き出し化

入管行政に、法や主権という歯止めがないどころか、行政の効果として主権が生み出されるという状況は、入管行政の領域が、馴致されない剝き出しの統治の空間すなわち「例外状態」になりがちであることを意味している。その入管の権力がより制約のない形で行使されるのが入管収容所である。というのも収容所は閉鎖的な隔離空間であるがゆえ、収容者を他の社会関係から切り離すと同時に、入管の権力への監視の眼をも阻むからである。

哲学者のジョルジョ・アガンベンは、「収容所とは、例外状態が規範そのものになりはじめる時に開かれる空間のこと」だと述べる(19)。例外状態とは、戦争に典型的なように、通常の法規範が一時的に宙吊りにされ、統治が全面化する状況のことである。一方、収容所は、そうした例外状態が一時性を失い、常態化された空間として設けられる。アガンベンは、ナチスの収容所を主に念頭にしつつも、現代の移民収容所にも当てはまる構造と収容者の状況として次のように述べる。

住人（収容者のこと――引用者注）があらゆる政治的立場を奪われて完全に剝き出しの生へと還元された、という事実自体からして、収容所は、かつて実現されたことのない最も絶対的な生政治的空間でもあり、そこで権力が向き合っているのは、何の媒介もない純粋な生物学的生にほかならない。(20)

彼は、法的保護を失って収容された人間は「剝き出しの生 bare life」すなわち「生物学的生」へと還元されると論じる。それは、政治から排除された存在である。この生物学的生と政治的生という分類は、古代ギリシアにおける人間の生を二つに区分した発想に由来する。アガンベンによると、古代ギリシアでは、生は、人間以外も含めあらゆる生に当てはまる「生きている、という単なる事実」を表す「ゾーエー」と「それぞれの個体や集団に特有の生きる形式」を示す「ビオス」に区分されていた。(21)アガンベンは、この二つを「動物」と「人間」や「生物学的生」と「政治的生」など様々なイメージに重ね合わせて論じ、そのなかで、収容所における生を「ゾーエー」＝「生物学的生」と呼んだ。くわえて、現代の移民収容所の収容者たちも、同様の状態におかれていると示唆している。(22)

しかし、こうした古代ギリシアの概念に由来する生の二分法を現代の収容所にも適用するアガンベンの議論に対しては、「剝き出しの生」に位置づけられる人びとのエージェンシーと抵抗を無視しているとして、理論的な批判に加え、[23]無登録移民や難民に関する経験的な研究から批判もなされてきた。[24]それらの研究は、収容所（や、難民キャンプなどそれに匹敵する空間）における移民・難民が、「生物学的生」のみを生きているわけではないと論じる。その上で、彼らのエージェンシーの発揮として政治的な抵抗に着目し、その「政治的生」を強調する傾向にある。

とはいえこうした「政治的生」の強調もまた、「生物学的生」と「政治学的生」という二分法を前提としているようにみえる。むしろここでは、入管収容所における権力を、収容者の生に「生物学的生／政治的生」という分割線を入れて二分し、それを前者へと縮減していく力、つまり「生の剝き出し化」を強いる持続的・全面的なプロセスとして捉えることができるように思われる。[25]言い換えれば、「剝き出し」を、保護を失った生の性質としてではなく、入管収容所における権力作用を捉える概念として考えてみてはどうだろうか。

少し具体的に考えてみよう。人間の生にゾーエーとビオスという二局面があるとしても、二つは通常は分離されていない。典型的には人が食べるという行為である。食べることそのものは生物学的な生を維持することに必要不可欠な行為である。その意味で、それはゾーエーの維持そのものにも見える。一方で、人は、食事を美味しく味わえるように、味付けや見かけを工夫したりもする。また共に食べることは、多くの文化で重要な意味をもっているように、集団的な生の形式の一つでもある。このように考えると、食べることはビオスの実践ともいえる。

つまり食べることやそれによって支えられている生はゾーエーでもありビオスでもあり、通常両者は区分されていない。むしろビオスとゾーエーという生の二つの局面は渾然一体のものとして経験されるといえる。しかし、入管収容所における食事はそのようなものではない。実際、第五章でも論じるように、収容者がしばしば訴える収容所の問題点の一つに食事の酷さがある。このような収容所における食事は、入管が、収容者の生を二つの局面に分割した上でビオスを切り捨て、生命維持すなわちゾーエーの維持にしか関心を持っていないことを象徴する場面なのである。だからこそ収容者は、こうした食事の提供を、入管が彼らを「動物のよう」にしか扱っていないことの証左だと感じるのだ。

　それ以外にも、すでにふれたように、入管収容所において収容者は、疑いの目で見られ、訴えは無視、放置されがちである。あるいはその訴えが却下されたときも説明はなされない。これは、収容者は応答するべき相手として見なされていないことを示唆している。また、大声を出すなどの抵抗をすると「暴行」を加えられたり、「懲罰房」に一人隔離されることもある[26]。そしてこれらの果てに、少なくない収容者が命を落としている。こうした「非人間化」は、ゾーエーとビオスを切り分けられないはずの生を区分し、ゾーエーすなわち「生物学的生」へと「剝き出し化」していくことだといえるだろう。この背景には、前述のように、入管は自ら「法」を生み出す力を持っており、またその業務は、主権という最高の決定権を体現＝執行するものとして位置づけられ、正統化されていることがある。その権限のもと、収容所の権力は、収容者の生から権利や尊厳、多様な生の形式を剝ぎ取っていくのだ。

5 「生の剝き出し化」にたいする抵抗

しかしそれは、収容所に閉じ込められた収容者がおしなべて「剝き出しの生」へと還元されることを意味するわけではない。それどころか、そうした「生の剝き出し化」という権力作用は、かえって人びとの抵抗を生み出してきた。大村収容所が設立後二〇年に発行された「大村収容所二十年史」には、「特殊事件」という項目が設けられ、「騒じょう」や「ハンスト」「自損行為」「暴行事件」「逃走」などが列挙されている。だが、その多くは、入管の秩序に対する終わりのない異議申し立てである(27)。それは、第五章で詳細に論じるように、現代の収容者も同様である。収容を経験したあるフィリピン人は、「中に入ってもっと自分が強くなった。こんな汚いやり方は、戻りたくない」と語っていたし、別の男性は、収容所内の様子を絵に描くことで外部に伝え、また別の収容者は、毎日の出来事、職員の対応などを克明に記録し、何かの時に備えていた。さらに二〇一九年には、収容所における収容者の餓死事件をきっかけに全国の複数の収容所でハンスト（ハンガー・ストライキ）が行われた（第五章参照）。ハンストは、収容所において歴史的に採用されてきた主要なレパートリーなのである。

こうした（元）収容者達による抵抗の数々を念頭におくと、収容所とは、生の剝き出し化を強いる力と、収容者の抵抗の攻防が繰り広げられる空間ともいえる。

おわりに

本稿では、その権力構造に着目しながら、入管収容所とは何か、という問いに答えようとしてきた。アガンベンは、収容所とは、国民国家の構造である領土、秩序、生まれという関係性が十分に機能しなくなる時に設けられたことに注意を促している。実際、ヨーロッパにおいて収容所は、現実が既存の国民国家のシティズンシップ規範に沿わなくなった時期に設置された。日本における入管収容所もまた、アジア・太平洋戦争後にともない日本帝国が崩壊し、東アジアが国民国家に再編される過程で設けられた（「入管収容所の歴史」参照）。当時の日本は、帝国から国民国家へと転換するなかでシティズンシップ規範を変化させたが、その帝国と国民国家の蝶番の場に設けられた収容所は、物理的暴力をともないつつ、新たなメンバーシップ規範に域内の人口を合致させるための装置だった。

同時に、この収容所は、帝国同様、行政の論理と執行（統治）が迫り出した空間でもある。出入国管理を国民国家の主権の発露の場であると位置づけ、その領域を司どる入管は、自らの権力行使を、主権を体現するものとして正統化している。ここでは、主権は、統治を制御するものではなく、むしろ「統治の効果」として生み出されているといえるだろう。一方、こうした入管行政の肥大化に歯止めをかける役割を果たすアクターは市民社会以外ほとんど存在していない。それゆえ、この行政の領域は、馴致されない剝き出しの統治空間になりがちであることを意味している。とくに、収容所はその典型であり、そこにおいて、入管の権力は、収容者の生を「剝き出し化」する効果をもっていることをみてきた。

とはいえ、それは、収容者が常に「剝き出しの生」として生きることを意味しない。というのもその効果は、収容者の抵抗をも呼び起こすからだ。実際、収容所は、歴史上、収容者の抵抗の場でもあった。その意味で、収容所は、「生の剝き出し化」をもたらそうとする権力と、「人間」であろうとする抵抗者の攻防の空間でもあるのだ。

注

（1）アーレント（二〇一七：二五三－四）

（2）アーレント（二〇一七：二四五），Stone（2019）

（3）ドイツ領だった西南アフリカ（現在のナミビア）では、二〇世紀初頭ドイツ支配に抵抗したヘレロに対する絶滅命令が出されたが、それが実行不可能と判明し、代わりにヘレロやナマという現地住民を収容する強制収容所が導入されたという（永原二〇〇九）。この植民地戦争でヘレロは住民の八〇％、ナマは五〇％が命を落としたとされ、ドイツ軍の残虐行為は二〇世紀初めのジェノサイドと言われている。

（4）Stone（2019）

（5）アーレント（二〇一七：一一八－九）

（6）アーレント（二〇一七：一七二）

（7）大竹（二〇一八）。周知のように、ミシェル・フーコーもまた統治性の領域を対象にする研究のなかで行政国家に注目している。ここにおいて、統治性は「人口」という群れを対象にし、その振る舞いを教導し、その安全・増大に関心を寄せるものであり、主権とは異なるものとして位置づけられている（フーコー二〇〇七）。このフーコーの議論は、今日的な文脈において統治性という問題系を切り拓いたものといえる。一方、大竹は、フーコーによる統治性についての時系列的な説明には疑問を呈し、統治の自立化に対する規範的な制御の言説として主権理論が生まれたと指摘している（大竹二〇一八：一二九－一三〇）。

（8）大竹（二〇一八：一一七－一二二）

（9）大竹（二〇一八：一二七）

（10）大竹（二〇一八：二五）

（11）大竹（二〇一八：一三一）

（12）大竹（二〇一八：四九）

（13）小田（一九七二：三八）

（14）児玉・関・難波（二〇一二：一八）。例えば、入管法の条文には、法務大臣等が「……できる」という文言が多用されているが、これは法務大臣等の裁量を認める条文だとされている。こうした裁量の大きさは、第四章でも言及しているように、ストリートレベルの官僚制一般がもつ特徴としても指摘されてきた（リプスキー一九八六）。しかし、入管行政における外国人の出入国に関する処分は、行政不服審査法の対象外ともなっている点で、他の官僚制とは異なる特徴がある。

（15）法務省出入国管理局（一九八〇：二二〇）

（16）ただしこのマクリーン判決が、その後国際人権規約を批准するなど、内外の環境が変わる中で今日においても通用するのかについては、疑問が提示されている（申二〇二一：水上二〇二一）。

（17）ジョルジョ・アガンベンは、後述するように、収容所を法規範が宙吊りにされた例外状態が恒久化した空間として捉えている。アガンベンにとって主権とは、法の効力を宙吊りにすると同時に、その宙吊りにされた空間で行使される権力である。またジュディス・バトラーも、フーコーやアガンベンの議論を参照しつつ、グアンタナモ刑務所を「国家が法を停止し自己の目的に合わせて歪曲するという行動において主権が再導入されている」と論じる。そこでは、「法の停止が、統治性と主権の合同を許」しているという（バトラー　二〇〇七：一〇三）。

(18) 大竹(二〇一八:四三)

(19) アガンベン(二〇〇〇:四五)

(20) アガンベン(二〇〇〇:四六)

(21) アガンベン(二〇〇三:七)

(22) アガンベン(二〇〇〇、二〇〇三)

(23) バトラー(二〇一八:一〇六-一〇七)

(24) McNevin 2006; Sigona 2015; Walters 2008

(25) もともとアガンベンが問題にしているのは、「ゾーエー」と「ビオス」の分離である。この点は岡田(二〇一二)も参照。

(26) 一方で、入管は、収容者に対する「暴行」ではなく「制圧」であり、また「懲罰房」ではなく「保護室」と呼んでいる(坂東ほか二〇二二;和田ほか二〇二二:一八三-一八五、一九六-二〇二)。収容所間の移送の際の入国警備官による暴力を争った裁判において、「制圧」を加えた警備官は、収容者が抵抗し「集団騒擾などが発生するおそれがあ」ったこと、「入国警備官であれば、このように制圧するように教わっている」としてその正当性を主張したとされる(和田ほか二〇二二:二〇〇)。

(27) 法務省大村入国者収容所(一九七〇)

参考文献

アガンベン、ジョルジョ、二〇〇〇『人権の彼方に――政治哲学ノート』高桑和巳訳、以文社。

アガンベン、ジョルジョ、二〇〇三『ホモ・サケル――主権権力と剝き出しの生』高桑和巳訳、以文社。

アーレント、ハンナ、二〇一七『新版 全体主義の起原2 帝国主義』大島通義・大島かおり訳、みすず書房。

アーレント、ハンナ、二〇一七『新版 全体主義の起原3 全体主義』大久保和郎・大島かおり訳、みすず書房。

坂東雄介・小坂田裕子・安藤由香里、二〇二二、「元東京出入国在留管理局長・福山宏氏に聞く――入管行

政の現場に関するインタビュー調査」『商学討究』七二（四）：一〇五－一八九頁。

バトラー、ジュディス、二〇〇七『生のあやうさ』本橋哲也訳、以文社。

バトラー、ジュディス、二〇一八『アセンブリ――行為遂行性・複数性・政治』青土社。

フーコー、ミシェル、二〇〇七『安全・領土・人口――コレージュドフランス講義１９７７－１９７８年度』高桑和巳訳、筑摩書房。

法務省大村入国者収容所、一九七〇『大村入国者収容所二十年史』。

法務省出入国管理局、一九八〇『出入国管理の解雇と展望』。

児玉晃一・関聡介・難波満、二〇一二『コメンタール 出入国管理及び難民認定法２０１２』現代人文社。

水上洋一郎、二〇二一「〈提起〉入管改革への課題」『世界』二〇二一年一一月号。

リプスキー・マイケル、一九八六『行政サービスのジレンマ――ストリート・レベルの官僚制』田尾雅夫訳、木鐸社。

McNevin, Anne, 2006, "Political Belonging in a Neoliberal Era: The Struggle of the Sans-Papiers," *Citizenship Studies*, 10(2): 135-151.

Mountz, Alison, et al., 2012, "Conceptualizing Detention: Mobility, Containment, Bordering, and Exclusion", *Progress in Human Geography*, 37(4) 522–541.

永原陽子、二〇〇九「ナミビアの植民地戦争と「植民地責任」――ヘレロによる補償要求をめぐって」永原陽子編『「植民地責任」論――脱植民地化の比較史』青木書店、二一八－二四八頁。

入管問題調査会編、一九九六『密室の人権侵害――入国管理局収容施設の実態』現代人文社。

小田実、一九七二「「キツネウドン大王」たちの歴史」『朝日ジャーナル』一九七二、一四（一二）：三六－三九頁。

大沼保昭、一九九三『〈新版〉単一民族社会の神話を超えて――在日韓国・朝鮮人と出入国管理体制』東信堂。

大竹弘二、二〇一八『公開性の根源』太田出版。

岡田温司、二〇二一『［増補］アガンベン読解』平凡社。

Sigona, Nando, 2015, "Campzenship: Reimagining the Camp as a Social and Political Space", *Citizenship Studies*, 19(1):

1-15.
Stone, Dan, 2019, *Concentration Camps: A Very Short Introduction*. Oxford: Oxford University Press.
中惠丰、二〇二一「侵害続く在留外国人の人権」『Jounalism』二〇二一年十一月号：四〇－四五頁。
Walters, William, 2008, "Acts of Demonstration: Mapping the Territory of (Non-) Citizenship," Engin F. Isin and Greg M. Nielson eds., *Acts of Citizenship*, London: Zed Books, 182-206.
和田浩明・毎日新聞入管難民問題取材班、二〇二二『彼女はなぜ、この国で——入管に奪われたいのちと尊厳』大月書店。

＊本章は、髙谷幸「収容所とは何か」『文化交流研究』三五号（二〇二二年三月）を改稿したものである。

入管収容所の歴史

入管収容所とは、有効な在留資格をもたない外国人を送還まで収容する施設である。収容とは、彼らを原則として国外に送還するために、収容施設に拘束することをいう。日本の場合、長崎県大村市と茨城県牛久市に、収容と送還に特化して業務を行う「入国者収容所入国管理センター」が置かれているほか、全国の出入国在留管理局や支局、空港にも収容施設が設置されており、合計で一七か所ある。すべて出入国在留管理庁が管轄している。

こうした入管収容所の端緒は戦後占領期にある。一九四五年にアジア・太平洋戦争が終結し日本帝国が崩壊したことは、大規模な人の移動を引き起こした。この頃の日本と朝鮮半島間の移動とその管理の動きを森田（［一九五五］一九七五）を参照しつつまとめておこう。それによると、当時の「内地」からは、一九四六年三月までに約一三四万人の朝鮮人が帰還したと推定される。日本を占領した連合軍最高司令官総司令部（以下、ＳＣＡＰ）もまた、朝鮮人や台湾人をできる限り帰還させようとする方針を取った。しかし、朝鮮半島における食糧不足やインフレ、不安定な政治情勢が伝わるにつれ帰国希望者は減少していった。またＳＣＡＰと日本政府は、帰還者に対して財産の持ち出しを制限したこともあって、帰国後の生活の目処がたたず、日本に留まった者も多かった。

一方、四六年春頃からは、朝鮮半島から日本に移動してくる者も目立つようになっていた。その多くは、以前日本で暮らしていたり、家族や親戚が日本にいる者などだったが、ＳＣＡＰは、「内地」への移動を制限するために、複数の指令を出した。同年六月に発した「日本への不法入国の抑制に関する総司令部覚書」では、日本政府にも捜索や取締り、ＳＣＡＰへの引き渡しなどの対応を求めた。

この指令に基づき、同年七月に佐世保引揚援護局（長崎県東彼杵郡江上村（当時））内に針尾収容所が設けられた。当時、同援護局では、「内地」にいた朝鮮人や中国人、台湾人、南西諸島民の送還が行われていたが、それにくわえ、援護業務を同援護局が、監視と護送を警察が担う形で「不法入国者」の収容、

図３　日本の入管収容所

◉ 入国管理センター（2カ所）
● 地方出入国在留管理局や支局、空港に設置された収容施設
大村日本入国管理センター（長崎県大村市）
東日本入国管理センター（茨城県牛久市）

送還がなされるようになった(1)。この針尾収容所が、日本における、「不法入国者」や在留資格を失った外国人を追放するために留め置く収容施設の端緒である。

その後、占領が終わりに近づくにつれ、SCAPは、日本政府に出入国管理に特化した行政機構の設置を求めるようになった。これを受け、一九五〇年一〇月に出入国管理庁設置令が交付され、それにもとづいて針尾収容所の施設が改組、「針尾入国者収容所」として発足した。しかし同構内に警察予備隊（現自衛隊）の駐屯が決まった関係で、収容所は、同年一二月に急遽同じ長崎県の大村に移され、「大村入国者収容所」と名づけられた。大村収容所はその後、いくつかの組織改編を経つつも一九八〇年代まで、原則朝鮮人を収容・送還する施設として機能することになった。八〇年代以降は、朝鮮人収容者の減少にとって代わるように、他国籍・地域の外国人が収容されるようになり、名称も「大村入国管理センター」に変更され、現在に至っている。なお現在、「牛久」としばしば呼ばれる「東日本入国管理センター」は、前身の横浜収容所（当時は、朝鮮人以外の外国人が収容される場所だった）の移転に伴って一九九三年に開設された。

このように、日本における入管収容所はもともと、日本帝国の解体に伴う東アジアにおける国民国家の再編の中で設けられた。ロジャー・ブルーベイカーは、ソ連崩壊後の東欧における民族事象と、その比較対象としての第一次大戦後の旧帝国崩壊後のヨーロッパ（特に中東欧）に着目しつつ、多民族を包含する形で版図を拡大した帝国の崩壊は、人びとの大規模な移動、民族分離を促す傾向にあると論じた(2)。また、帝国崩壊後に生じた国家を「民族化する nationalizing 国家」と呼んでいる。

この「民族化する国家」とは、血統などエスノ文化的な用語で「主要な民族」が定義され、国家はその「主要な民族」のものと理解される国民国家を意味する(3)。その国家は、「主要な民族」の言語、文化、人口構成、経済的福利、政治的ヘゲモニーを保障し、促進しなければならない。例えば、多民族の旧帝国において諸民族間に一定の対等な地位が保障されていた場合、これは「民族化する国家」からみれば、不適切な利益配分ということになる。それゆえ「民族化する国家」は、その不適切な利益配分を「是正」し、「主要な民族」の特定の利益を促進あるいは「補償」するプロジェクトを実施するという。それゆえ、こうした「民族化する国家」の出現は、その地に暮らしながらも、「主要な民族」から排除された少数民族を生み出し、彼らに対して民族分離、国籍剝奪と追放、収容などの措置がとられることになった。第一章でみたように、追放は国家に成員を割り当てる成員管理装置のテクノロジーだが、旧帝国から「民族化する国家」へと再編される際に、そのテクノロジーが活用されることになったのである[4]。

このブルーベイカーの議論は、日本帝国崩壊後の東アジアの状況を考える際にも示唆的である[5]。というのも当時の東アジアも、政治体制に基づく分裂を伴いつつも、複数の「民族化する国家」へと再編されたからである。

そのなかで戦後日本も、「日本人」をエスノ文化的に定義し直した上で、「主要な民族」と位置づける「民族化する国家」として自らを再定義することになった。日本帝国の各地域が一九四五年八月一五日という敗戦をどう迎えたかを辿った歴史家の加藤聖文は、すでに玉音放送が対象とした臣民は「日本人」だけであり、「日本の戦後は、朝鮮や台湾や満州を意識的に切り捨てた「日本国」となることからはじまった」と指摘している[6]。この植民地の切り捨ての論理は、帝国内の領土だけでなく、「日本国」＝「内地」のシティズンシップ規範にも反映されることになった。占領期におけるシティズンシップ規範の再編は、日本側の意向だけによるものではないものの、「内地」はエスノ文化的に定義された「日本人」の国として理解され、朝鮮人や台湾人の権利の停止や制限、「外国人化」が段階的に進められていった[7]。こうして戦後日本という国民国家のシティズンシップ規範は、多民族を包含してきた日本帝国のそれから変更されることになったのである。

このようにシティズンシップ規範が変更される文脈において、大村収容所は、多民族の旧帝国が抱えてきた人口を、それぞれのあるべき「民族化する国家」へと強制的・物理的に振り分ける装置の役割を果たすことになった。当時、大村に収容された朝鮮人は、旧帝国時代には「内地」に住んでいたり、あるいは家族や親戚が「内地」にいるというものが大半だった。彼らにとって、「内地」あるいは、「内地」と朝鮮半島にまたがる空間こそが生活世界だったのである[8]。しかし今や、「内地」は日本という「民族化する国家」に転換され、そこにおいて彼らの場所は与えられなかった。大村は、収容とその後の追放という暴力を通じて、彼らにその冷酷な現実を知らしめる場所だったのである。

（高谷幸）

注

（1）佐世保引揚援護局（一九四九：六九）

（2）Brubaker (1996: 10)

（3）この「民族化する国家」の主要な要素は、「（1）市民あるいは永住人口全体とは区別されるものとして理解される特定のエスノ文化的な民族による国家の「所有」の感覚、（2）コアな民族の特定の（従来は不適切に配分されていた）利益を促進するために国家権力を用いてなされる「是正」あるいは「補償」のプロジェクト」である（Brubaker 1996: 103）。

（4）ウィリアム・ウォルターズも、西欧における追放の系譜を辿るなかで、この時期の民族分離を挙げている（Walters 2002）。

（5）樋口（二〇一四）も参照。一方で、ブルーベイカーらが指摘するように、東アジアは中央ヨーロッパと比べると、「原国民的な国家」と見なせるような、ある程度の文化的一体性を伴った政治共同体が歴史的に長期にわたって存在していた。また住民の長期的安定性もあり「領域、政治組織体、住民が一致していることは自明」と考えられていた。さらにその自明性は、日本帝国時代にも戸籍制度によって担保された。ブルーベイカーらは、ドイツと比較しながら朝鮮について論じているが、これらの特徴は日本においてもおおよそ当てはまる（ブルーベイカー・キム二〇一六）。

（6）加藤（二〇〇九）

（7）具体的には、戸籍にもとづいていた。すなわち「外地」戸籍者の選挙権の停止、「みなし外国人」としての外国人登録の義務化、サンフランシスコ講和条約締結にともなう日本国籍の一律の喪失などである。

（8）玄（二〇〇七）

参考文献

Brubaker, Rogers, 1996, *Nationalism Reframed: Nationhood and the National Question in the New Europe*, Cambridge: Cambridge University Press.

ブルーベイカー、ロジャース&キム・ジェウン、二〇一六、「ドイツと朝鮮における越境的メンバーシップの政治――国境外の民族同胞問題の再編成」ロジャース・ブルーベイカー『グローバル化する世界と「帰属の政治」』佐藤成基ほか訳、明石書店、一一七－一九九頁。

玄武岩、二〇〇七、「密航・大村収容所・済州島――大阪と済州島を結ぶ「密航」のネットワーク」『現代思想』三五（七）：一五八－一七三頁。

樋口直人、二〇一四、『日本型排外主義――在特会・外国人参政権・東アジア地政学』名古屋大学出版会。

加藤聖文、二〇〇九、『「大日本帝国」崩壊』中央公論新社。

森田芳夫、［一九五五］一九七五、『在日朝鮮人の処遇と現状』湖北社。

佐世保引揚援護局、一九四九、『佐世保引揚援護局史・上巻』。

Walters, William, 2002, "Deportation, Expulsion, and the International Police of Aliens," *Citizenship Studies*, 6(3): 265-292.

第4章　なぜ収容者の訴えは信用されないのか
——感情労働現場としての収容施設における認識的不正義

岸見太一

この章では、前章に引き続き収容施設における権力作用に焦点をあてる。前章が収容施設における権力をいわば総体的なプロセスとして捉え分析するものであったのに対して、本章は特に収容施設の現場の職員と収容者の間において作用する権力に注目したい。

ウィシュマさんは、適切な診療と処置を繰り返し求めていたにもかかわらず、彼女の訴えは職員に真剣に受け取られることはなかった。彼女は生前、面会に来た支援者に対して、職員には自分の訴えは嘘だと思われ信用してもらえないと話していた(1)。さらに、施設内の監視カメラ映像には、体調が悪化している彼女に職員が軽口を叩く様子や、ベッドから落下した彼女を職員が抱き起こさず放置する様子が記録されていたという。第一章でも述べられていたように、この映像をみた遺族は、「動物のように扱われていた」と述懐している(2)。だが、収容施設において動物のように扱われたのはウィシュマさんの事件だけではない。本書の「はじめに」でも指摘されているように日本の収容施設での医療放置や暴行は繰り返し起きている。

ウィシュマさんの事件の背後には、施設に収容され行動の自由が制限されている人びとが共通して直面する社会構造が存在する。[3] 行動の自由が制限される拘禁施設は入管収容施設だけではない。刑務所や拘置所も同じである（入管収容施設と刑務所の違いについては第一章を参照。本章では、その法的位置付けや建築構造の違いにもかかわらず存在する両者の環境の類似性に着目する）。[4] 諸外国の拘禁施設に目を向ければ、ウィシュマさんが直面したような問題状況があるのは日本だけでないことがわかる。たとえばアメリカのダーラム郡拘置所では、二〇一六年の一月に、収容されていたマシュー・マケインさんが、持病の糖尿病とてんかんの十分な治療を受けることができずに収容所内で二九歳の若さで死亡している。死亡当日、彼が発作を起こしたのを目撃した同室の収容者は緊急コールボタンを押したが、当直の職員はこれに応答しなかった。支援者によれば、マケインさんは医療措置を繰り返し訴えていたが、看守は彼をたんなる「泣虫」だとみなし、とるにたらない訴えだと無視していたという。別の収容者によれば、こうした扱いはよくあることで、拘置所の職員は収容者を必要以上に不満を述べる存在だとみなしていた。[5]

この事件とウィシュマさんの事件は驚くほど似ている。二つの事件では、収容者本人が適切な医療措置を繰り返し訴えたにもかかわらず、その訴えの信憑性が職員によって疑われ、その結果、収容者が死亡している。

ウィシュマさんの事件では、衰弱した彼女に対して職員が心ない冗談を投げかけていたことも入管の報告書からわかっている[6]。この入管職員の態度は社会通念から乖離しているが、こうした事例も日本だけに限られない。たとえば、スウェーデンでは、入管の建物内で難民申請者が起こした自傷行為について冗談混じりで語る難民審査部門の職員の姿が記録されている[7]。

なぜ入管施設の収容者の訴えは信用されないのだろうか。この章では、拘禁施設の収容者が直面する社会構造の輪郭とその解消に向けた対処策を、拘禁施設の収容者と現場で働く職員との関係性に特に焦点をあてながら考察したい。

第一節と第二節では、社会学と行政学における感情労働論の観点から、入管収容施設のような拘禁施設が、現場職員にとってどのような職場であるかを分析する。その結果、現場職員は、収容者との交流で感情を動かされつつも、自らの職業規範意識との間でジレンマに直面することが多いことを指摘する。第三節では、哲学と心理学の観点から、拘禁施設の現場職員が職員と向きあう際に無意識のうちに作動している認知バイアスの存在を指摘する。職員が直面するジレンマもこのバイアスの観点から説明される。そのうえで、そうしたバイアスが作動した結果、収容施設においては認識的不正義と呼ばれる構造的な問題が生じていることを明らかにする。第四節では、無意識のバイアスによる行動に対する責任を職員に問うことができるのかという問題を検討する。最終節では結論として、収容者の訴えが職員によって信用されないのは、問題のある無意識のバイアスを個々の職員が抱きやすい状況要因が存在するためだと指摘する。そのうえで、ウィシュマさん事件を受けた入管の対応策は、この状況要因を温存する点で不十分であること明らかにする。最後に、本章の議論の枠組みから示唆される、なされるべき方策を検討したい。

1　入管収容施設はどのような職場なのか

入管収容施設のような拘禁施設では、どのような人が働いているのだろうか。施設内で収容者と日常的に対面しながら働く現場職員（以下ではたんに「職員」と表記）の職務内容は、看守勤務と医療処置に大きく分けられる[8]。ウィシュマさんが収容されていた当時の名古屋入国管理局を例に説明すると、次のようになる。

日本の入管の収容施設において看守勤務にあたるのは「入国警備官」と呼ばれる公安職の国家公務員である。刑務所で看守勤務する「刑務官」と混同されることもあるが、両者は別の試験（入国警備官採用試験と刑務官採用試験）で採用される別の職種である。入国警備官は、階級制が敷かれており、労働三権は認められていない[9]。これは刑務官や警察官と同じである。名古屋入管では、収容施設は男子区と女子区に分けられ、男子区には男性、女子区には女性の入国警備官がそれぞれ複数名割り当てられ、交替で二四時間勤務に就いていた。収容者の居室に出入りするのは基本的にこの担当の入国警備官である。また各収容区には別に、業務の監督・指揮する看守責任者と副看守責任者が割り当てられていた[10]。

拘禁施設では、収容者に対する医療処置を担当する医師や看護師も働いている。名古屋入管では、医師として、二名の非常勤医師が週一回または二回、平日午後の決められた時間に勤務

図４　事件当時の名古屋入管処遇部門の体制

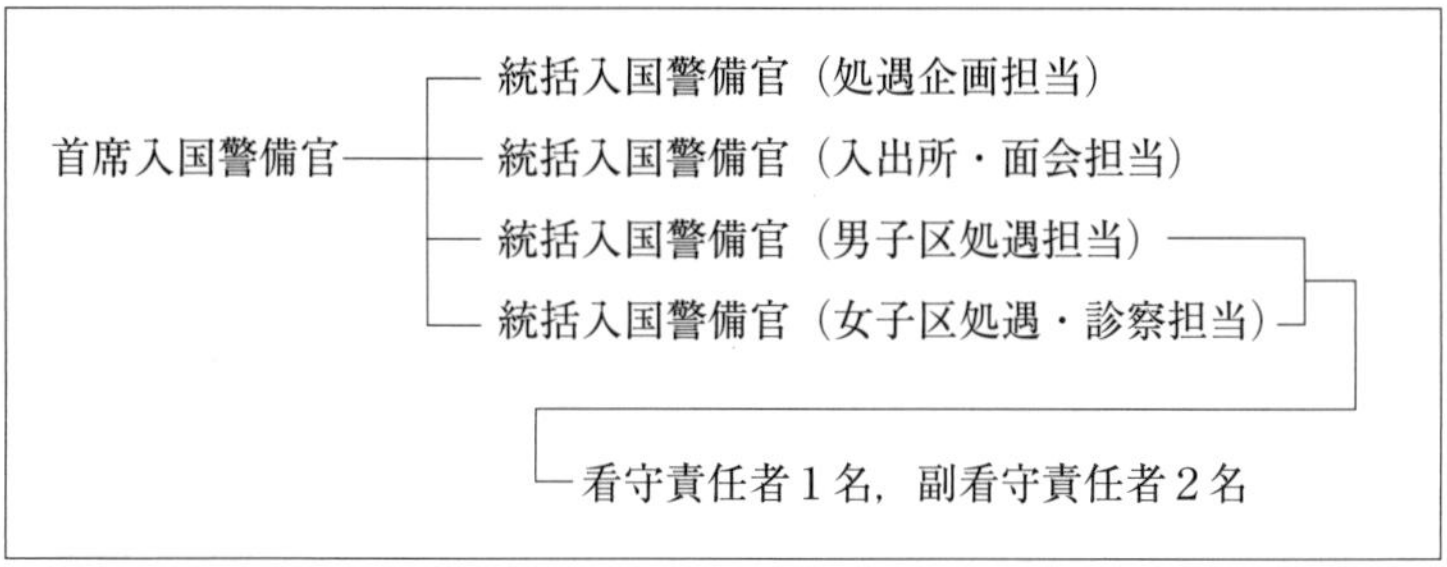

出典：出入国在留管理庁「令和３年３月６日の名古屋出入国在留管理局 被収容者死亡事案に関する調査報告書」別紙３

図５　事件当時の名古屋入管診療室の体制

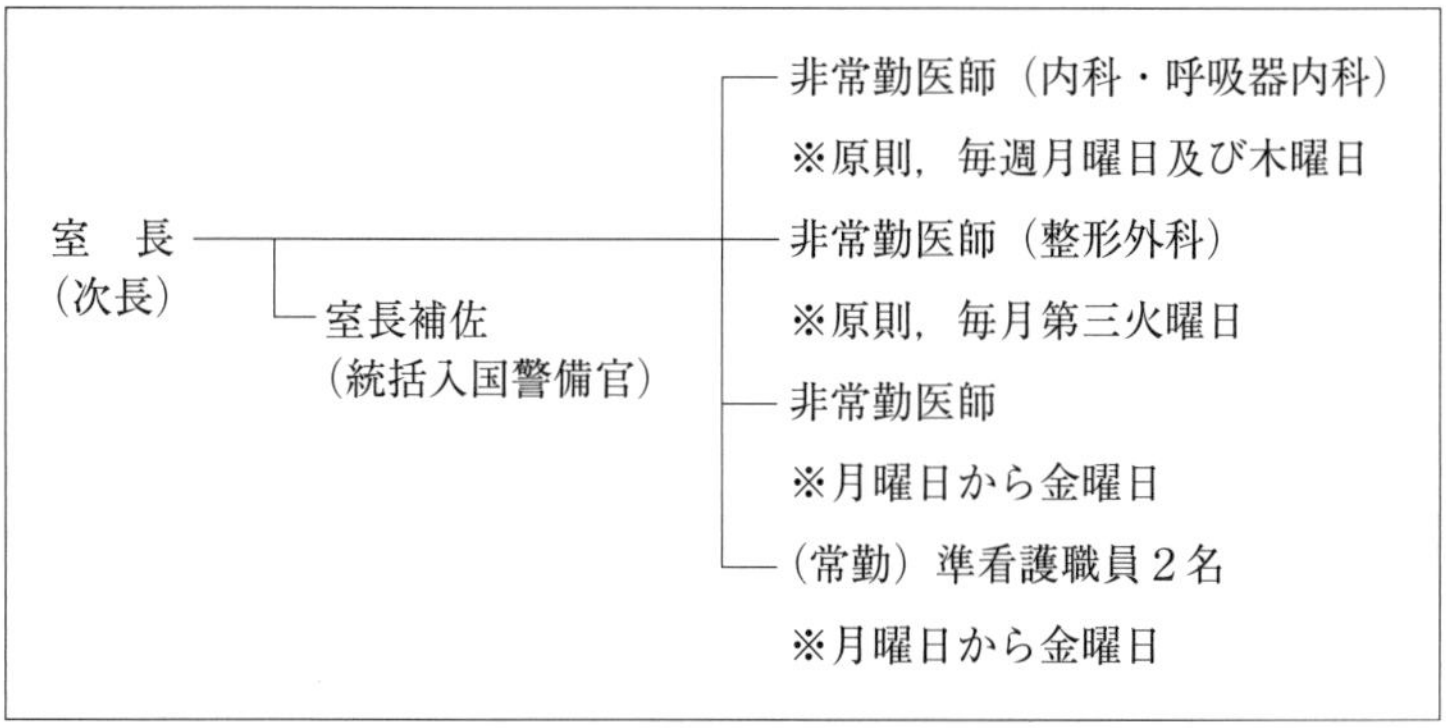

出典：出入国在留管理庁「令和３年３月６日の名古屋出入国在留管理局 被収容者死亡事案に関する調査報告書」別紙３

していた（必要性が認められた場合には外部医師に受診する場合もあった）。また、看護師として、一名の正看護師が非常勤で平日の日中勤務していた。そのほかに、准看護師の資格をもつ常勤の入国警備官が男女それぞれ一名ずつ勤務していた[11]。

看守勤務職員と医療処置を担当する職員は、求められる役割こそ違うが、収容者と日常的に対面する業務であるという共通点がある。これらの職員はどのように働いているのだろうか。

入管施設や刑務所のような行政権力の執行にあたる職員は、感情を介在させず、行政規則と上司の命令にただ服従する歯車のような存在だとしばしばイメージされる[12]。このイメージは、職員の実態に沿っているのだろうか。実は、行政学者や社会学者による調査ではこのイメージは否定されている。これらの調査では、個々の行政職員は実際には一定の職務上の裁量をもっており、その行使において感情が大きな働きを果たしていると指摘されている。以下で示すとおり拘禁施設の職員はそのほかの職場と同じようにさまざまな感情を抱きながら職務に当たっており、職務上の役割を果たすことにためらいを覚えることもある。

現場の職員は、実際には比較的大きな職務上の裁量をもっている。行政実務においては、規則が厳密に適用されていない、規則の適用に複雑な判断が必要であるなどの要因によって、現場職員にある程度の裁量の余地が存在することが多い。これは、行政学者のマイケル・リプスキーが「ストリート・レベルの官僚制」と呼ぶ状況である[13]。ウィシュマさんの事件においても、行政上の規定とは異なり、看守勤務にあたる職員に収容者の医療の訴えを上司に報告するかどうかの裁量が運営上は委ねられていた[14]。

現場の行政職員は、自分に委ねられた裁量をどのように行使しているのだろうか。行政職員は、業務量の多さや時間のなさのために、業務を選択的にこなすことを余儀なくされることが多い。そして、どの人に関する業務により多くの労力を割くかを選択するかの決定においては、その人に対する職員の感情が大きな役割を果たす。この感情は、誰が労力を割くのにより「ふさわしいdeserving」かという基準に関わることが、多くの研究で指摘されている[15]。ここで留意すべきなのは、この「ふさわしさ」の判断においては、無意識のバイアスが大きな影響を及ぼしていることである[16]。そのため、もしも職員が特定の社会集団に否定的なステレオタイプを無意識のうちに抱いている場合には、その集団に属する人びとは行政によって不当に扱われることになってしまう。この危険性は、特に、行政組織それ自体が、特定の集団に否定的な性質を結びつけるスティグマ化に加担している場合にはいっそう大きくなるだろう（これは本章全体の主張に関わる重要な点なので最終節でより詳しく述べる）。

2　感情労働現場としての入管収容施設

第二節では、入管収容施設の職員が、社会学者のアーリー・ホックシールドが言う「感情労働」であることを示したい。感情労働とは、①対面などによる顧客との接触が不可欠であり、②顧客に何らかの感情の変化（感謝の念や恐怖心等）を生じさせることと、労働者自身が自らの感情を管理することが期待されており、③雇用者が研修などを通じて労働者の感情をある程度コントロールするような労働である。

ホックシールド自身は、感情労働の典型として、客室業務員や集金業のような民間の職業を挙げているが、これら三つの特徴は、拘禁施設の職員だけでなく、多くの現場の行政職員（街頭の警官や市役所の窓口職員など）にもあてはまる[17]。第一に、これらの職員は、収容者や一般市民と日常的に対面することは明らかである。第二に、職員は、自分が対応する人に対して自らの職務には正統性があると感じさせなければならない。また、職員は職務に伴って生じた様々な感情をうまく処理することが求められる。第三に、行政組織は、民間企業と同じように、職員が職務において生じた感情にどのように対処すべきかに直接的・間接的に介入している。

入管収容施設という職場がいま述べた三つの特徴に当てはまることを確認するために、国外で行われた参与観察研究をみてみよう。メアリー・ボズワースは、イギリスの収容施設において、二〇か月間という長期間にわたり週三日のペースで参与観察を行った。彼女の調査結果からは、収容施設で看守として働く職員もまた、自らの感情のゆらぎに対する防御手段として自らの感情をコントロールする必要を感じていることがわかる[18]。

収容施設の職員は、収容者と対面で直接交流する。職員は収容者との交流のなかで感情のゆらぎを経験する。看守として働くある職員は、親しくなった収容者を強制送還のために施設の外に出す業務にあたった経験を次のように語っている。収容者と「六か月にわたって友情を育んで、その後に、それまでのことをすべて無視して、手錠をかけて、車に乗せなければならない」[19]。職務上の役割として彼は、この便の飛行機で送還するという指示が出れば、これまでの友情はなかったことにして、力づくで空港まで連れていかなければならない。この職員は自分の感情をどうすればよいか悩んでいる。「ものすごく気にしてどこかで考えるのをやめるのか、それともまったく気にしないのか、わからないのです」[20]。

感情のゆらぎに対する、職員の対処法には二つの仕方がある[21]。第一の対処法は、自分の職務上の役割と自分の感情を切り離すことである。ある職員によれば、収容者を強制送還のために施設から連れ出すためには感情の「スイッチ」の切り替えが必要である。その職員が連れ出さなければならない収容者は、空港に行くために部屋から出ることに抵抗した。その時のことを職員は次のように語っている。

彼〔収容者〕には、妻と、3人だか4人だかの子どもがいたのですが、彼は部屋から出ようとしなかったのです。それで、わたしと他の2人で、無理やり部屋に入って彼を連れ出さなければなりませんでした。彼は、自分の幼い娘たちと妻の写真を持っていて、それは、辛くはなかったけど、少し理解できました。その時わたしは、「こんなにもかわいそうな人に対して自分は何をやっているんだ」と思いました[22]。(〔 〕内は引用者)

この職員は、収容者が父親であることを知って感情がゆらいだ。だが彼はそうした感情をすぐに切り替えた。「その時、カチッと音がして、感情のスイッチがオフになり、理性のスイッチが入った。そうだ、やるしかない」[23]。彼はこのようにして、自分に感情を抑制して、自分の職務上の役割をうまく演じることができた。

第二の対処法として職員は、職務上の役割をうまく演じることができないときには、自分自身の感情を麻痺させる。前段落で述べた職員とは異なり、自分の感情を抑制して職務上の役割に徹することに困難を覚える収容施設の職員は少なくない。ある職員は自分に職務上の役割について芽生えた迷いを次のように述べている。

なぜ自分がここで働いているのか、もう本当にわからなくなりました。わたしは以前は、犯罪者は犯罪者で、わたしたちは犯罪者を収容しているのだと思っていました。でも、今はわかりません。わたしはただ、なぜ政府が家族を引き離そうとするのか理解できないのです。子どもがいる男性には、逃亡の危険性がないのに……[24]。

この職員は、収容施設での職務の意義をもはや信じることができない。迷いに直面した職員は、自分の感情を麻痺させることを余儀なくされる[25]。感情を麻痺させ、自分の職務上の役割を遂行するために、職員が費やす努力は多大なものである。ある収容施設の職員は、「法律は法律だ」ということを強調し、政府に責任を転嫁することで、自分の罪悪感を軽減させようとする[26]。この職員のような防御的な反応は別の研究でも記録されている。スウェーデンの収容施設における参与観察でも、目の前の収容者がなぜ収容されているのか迷いが生じた職員が、送還の決定の責任を政府に転嫁することで心の平衡を保とうとする姿が記録されている。[27] また、この研究によれば、収容施設の職員らは、収容者と親しくなりすぎるのを避けるために、自分自身の情報（結婚しているかや子どもがいるかどうか）を教えないようにしている。[28] さらに、職員はより積極的に、政府による送還の決定は正しいと自分を信じこませることによっても心の平衡を図っている。[29] 職員は、これらの防御的な反応をすることで、収容者からだけではなく、自分自身の感情からも距離をとろうとしている。[30]

自分の感情を麻痺させることは、仕事を続けるためには不可欠である。[31] ボズワースは、職員の次のような発言を記録している。

わたしは勤務時間の九五％は自分を切り離すことを学びました。もしそうしなければ、わたしはもうここにいないでしょうから……。収容者たちの問題はあまりにも多いので、わたしは仕事を始めてすぐに、収容者たちの問題から自分を切り離すことを学びました。[32]

この職員が語っているように、収容施設で働き続けるためには、自分の感情を麻痺させなければならない。それができない職員は最終的には辞めることになる。[33]

日本では、ボズワースが実施した入管収容施設職員を対象とした参与観察研究は、筆者が知る限り残念ながらなされていない。だが、日本の入管収容施設で勤務する職員も、収容者との接触から非常に高いストレスにさらされ、時として感情の大きなゆれを覚えていることは同じだろう[34]。

ボズワースの観察結果は、収容施設の職員が、収容者との対面から自分の感情のゆれをコントロールしながら働いていることを教えてくれる。ホックシールドの感情労働論は、こうした感情のゆれへの対処の仕方は職場で組織的に管理されることを強調している[35]。ホックシールドが分析しているのは一九七〇年代後半のアメリカにおける飛行機の客室乗務員の研修である。この研修では、乗客に怒りを感じた場合に、怒りを鎮めて笑顔で対処する仕方が教えられていた[36]。企業は、労働者が自分自身の感情を解釈する仕方にこのようにして介入していく。彼女は、こうした感情への組織的な介入は、企業だけでなく、学校や教会、さらには刑務所においてもみられると指摘している[37]。

入管も感情が組織的に管理される職場の例外ではない。収容施設についての研究ではないが、スウェーデンで難民審査を担当する職員に対する次のインタビュー結果は、入管業務において個々の職員が抱くべき感情のあり方が、上司や同僚との日常的なやりとりのなかで学習され共有されることを示している[38]。ある難民審査官は、難民申請者との面会中に共感を抑えられなくなり「泣きそうになった」経験を語っている[39]。だが、この職員は、自分が難民認定をすべきだと考えるケースが、上司から反対される場合もあるという。別の職員によれば、これと似た経験はどの職員にもあるが、ほとんどの場合は、法的手続を根拠とする上司の意見によって「説得される」。上司の説得に従った職員は、自らの感情を抑えて「手続的な正しさ」という職務規範に従ったことを、上司を含む同僚から高く評価される。このような職場内での同僚とのやりとりを通じて、個人的な感情は抑制すべきだという職務規範が職員の間で共有されていく[40]。感情を抑制すべきという入管組織の職務規範は、研修や訓練のような公式の制度によって、さらに強化される。研修では、組織目標や職務上の心得を示した文書によって、個別の事例において職員がどのように自らの感情に対処すべきかの模範が示される。訓練では模範に則った行動をするように繰り返し指導される[41]。入管職員は、研修と訓練を通じて、自分の職務上の判断や行動には自分の感情は反映されていないという自己意識を抱くようになるのである[42]。

3　収容者の訴えはなぜ信用されないのか

冒頭で述べたようなウィシュマさんやマケインさんの死は、治療を求める切実な訴えが繰り返されたにも関わらず、職員が真剣にとりあわなかったために生じた。拘禁施設における収容者の訴えはなぜ信用されないのだろうか。第三節ではこの問いを、哲学と心理学との学際的領域である社会認識論において注目されている「認識的不正義 epistemic injustice」という概念をふまえて検討したい。

認識的不正義とは何か

認識的不正義は、誰の発言がより信頼され、誰の発言がより適切に理解されるか、そしてそもそも誰が発言をすることができるかは、社会関係によって決まることに焦点をあてる概念である。たとえば、男性優位の社会においては、女性の発言は信頼性が低いとみなされ、女性が自らの経験を述べても理解されにくく、女性に発言の機会は与えられてこなかった[43]。認識的不正義は、このように人びとが発言や知識の伝達に関わって不当な取り扱いを受けている場合に存在する[44]。

ホセ・メディナらは認識的不正義の観点からマケインさんの死亡事件を分析している。彼によれば、拘禁施設を取り巻く状況に固有な認識的不正義には、少なくとも次の三つの形態がある[45]。第一に、収容者は、聞き手が収容者に対し抱いている否定的なイメージのせいで、発言の内容を信用してもらえないかもしれない。ウィシュマさんやマケインさんが発した治療を求める切実な訴えが、職員に取り合う必要がないものとして軽視されてしまったことは、まさにこれにあてはまる。こうした事態は、特に証言的不正義（testimonial injustice）と呼ばれる[46]。

第二に、収容者は、自らの経験や心身状態を自分の言葉で伝達するうえで困難を抱えている。収容者は、自らがなぜ収容されるにいった経緯や、自らが職員に抵抗している理由を、職員や外部の人に対して誤解や再解釈されることなく理解させることは難しい。これは、解釈的不正義（hermeneutical injustice）と呼ばれる事態である。

第三に、収容者は、外部の人に自分の経験を伝えることが難しい。拘禁施設では面会機会や通信手段が制度的に制限されているからである。第五章で稲葉は、ある収容者が自分が描いた施設内の出来事のイラストを支援者に渡そうとしたところ、入管職員に阻止されたエピソードを紹介している。このエピソードに象徴されるような、収容者が自分の経験を伝えることの困難さは、沈黙化作用（silencing）と呼ばれる。この作用があるために、施設内の問題は外部から不可視化され、温存されやすい。

以下ではこれらの認識的不正義が拘禁施設で作動するメカニズムを、三つの場合に分けて考えたい。すなわち、①看守勤務職員と行政組織と収容者の三者関係、②医療従事者と行政組織と収容者の三者関係、③外部の人びとと行政組織と収容者である。本節では①と②を扱い、③については最終節でとりあげる。

看守勤務職員における認識的不正義

メディナらは、ダーラム郡拘置所において、収容者の訴えの信憑性が看守勤務の職員によって疑われたのは、マケインさんの事件だけでないと指摘している。同拘置所では、収容者の証言の信憑性は職員によって恒常的に疑われていた。職員が収容者の証言の信憑性を不当に低く見積もることは、前述のように証言的不正義と呼ばれる。

証言的不正義が生じるメカニズムは、社会心理学における無意識のバイアスの知見を用いて説明できる[47]。人は、話し手の発言内容がどれくらい信頼できるかを判断するにあたって、無意識のうちにステレオタイプを利用している。ステレオタイプとは、ある特性を備えた個人や集団に、特定の属性を結びつける自動化された連想のことである。たとえば、自分のかかりつけ医のアドバイスは信頼できるとわたしたちが考えるとき、わたしたちはその医者の発言の信憑性を職業的なステレオタイプを用いて判断している。この例からも示唆されるように、ステレオタイプを用いてある人の信頼性を測ることを、わたしたちは日常的に行なっている。
このような心の自動的な作用は、わたしたちにはすべての人のすべての発言を個別に判断する時間も能力もないことをふまえれば、人間にとって不可欠である[48]。そのため、ステレオタイプに基づいて発言の信憑性を判断すること自体は、道徳的に善いことでも悪いことでもない[49]。証言的不正義が生じるのは、ステレオタイプによって自動的に形成されたある人の発言の信憑性についての否定的な判断が、その人の発言内容の真実性を高める証拠が提示されたにもかかわらず、維持され続ける場合である[50]。

マケインさんとウィシュマさんの事件は、証言的不正義の典型的な事例である。拘禁施設に収容され行動の自由が制限されている人に対するステレオタイプのせいで、収容者の発言の信憑性は低く見積もられてしまう。マケインさんの場合、彼が拘置所に収容されていたのは、保釈金が払えなかったからである（判決はまだ下されていない）。拘置所のなかでマケインさんの体調が悪化したことは、少なくとも同室の収容者には明らかだった。それにもかかわらず、体調が悪化したマケインさんを見た看守は、収容者の訴えは信用できないというステレオタイプ的な判断を維持し続けた[51]。ウィシュマさんの場合も、体調の悪化は明らかだったにもかかわらず、彼女が詐病で嘘の訴えをしているという現場職員の判断は訂正されなかった[52]。

拘禁施設の現場職員が収容者の明らかな体調の変化を見落としてしまう背景として、システム正当化バイアスと内集団バイアスという二つの心理要因の存在も指摘できる。

第一の要因であるシステム正当化バイアスから考えよう。前節でみたように、拘禁施設の職員は感情労働に従事しており、収容者との対面から生じたストレスを緩和するために、自らの感情を麻痺させる。メディナは、このようなストレスに対処した感情を麻痺させ無感覚となる防御機構が職員に働いていたことが、証言的不正義が生じる要因だと示唆している。[53] メディナ自身は社会心理学的要因については分析していない。だが、感覚麻痺は、システム正当化バイアスという無意識の心理作用が関連しているように思われる。

システム正当化バイアスとは、回避できないと考えられる不正や不愉快な現実から感じるストレスを緩和するために、現状を肯定するように自らや他者をステレオタイプ化する心理的作用である。[54] 人間は、不公正な社会システムから逃れることができないと認めることに大きなストレスを感じる。このストレスに個人の力で対処するためには、逆説的だが、現状を肯定してしまい、現状は実際には不公正ではないと自らを信じさせればよい。したがって、現状を肯定するのに都合がよいように自分や他者のステレオタイプを形成する心理作用が人間には存在する。ここでのポイントは、このステレオタイプは現状を何らかの仕方で肯定できさえすればよく、適切な証拠に基づかなくてもよいことである。[55] メディナによれば、感情が麻痺した状態にある人は、たとえ他者によって自らが信じている事柄に反する証拠が示されたとしても心を閉ざしてしまう。[56] システム正当化バイアスは、この心を閉ざす態度の要因の一つであるといえる。[57]

前節でみたように感情麻痺は、収容施設の現場職員において広く認められている。この感情のゆれに対処するために、日本の入管職員の間でもシステム正当化バイアスは作動していると推測される。

第二の要因として内集団バイアスが挙げられる。職員の間には、収容者の訴えと担当職員の報告内容が食い違った場合には、無意識のうちに同僚職員の報告により高い信憑性を認める心理作用が働きがちである。メディナらによれば、ダーラム郡拘置所においては、収容者が処遇に関する苦情を訴えた場合に、もし収容者の訴えと収容者の訴えと担当職員の報告内容に食い違いがあった場合には、つねに収容者の訴え内容の信憑性が疑われるというパターンが存在していた[58]。このパターンにみられるような、職員が、収容者からの報告に比べて同僚からの報告により高い信頼性を認める傾向性は、内集団バイアスと呼ばれる。

内集団バイアスとは、自分が所属していない集団（外集団）と比べて自分が所属する集団（内集団）により好意的な反応を示す人間の心理的傾向性として定義される。内集団バイアスは、人間の社会生活を安定させるうえで有益であるという指摘もあり、それ自体はステレオタイプと同じように道徳的に中立的である[59]。しかしながら、前述のシステム正当化バイアスと組み合わさった場合には、外集団の訴えの方を信用すべき証拠が提示された場合でも、そうした証拠は採用されず、内集団の報告内容の方が信頼できるとみなされてしまう。こうした場合には、優位な集団と劣位な集団との間に信頼性評価におけるヒエラルキーが不当に形成されている[60]。

ウィシュマさんの事件においても、彼女の医療を求める訴えの信憑性は、職員の報告内容の信憑性と比較されていた。入管が作成した調査報告書によれば、ウィシュマさんに関して職員からは、彼女は収容施設から一時的に出る（仮放免）許可を得るために病気を訴えているのだという報告がなされていた[61]。彼女の訴えが、彼女は詐病であるという同僚職員からの報告の信憑性と比較されたうえで、決まって退けられていたのは、入管職員の間で内集団バイアスが作用していたからであると考えられる。

以上が看守勤務の職員と収容者との間で証言的不正義が生じるメカニズムである。ここではさらに、証言的不正義は、収容者が自分自身の経験を職員に対して誤解や再解釈されることなく理解させることが困難であること（解釈的不正義）にも密接に関わる事実にも注意を向けたい[62]。

社会のなかで周縁化された位置にある人は、自らの経験を多数者に理解させることが難しい。ウィシュマさんの場合、彼女が元交際相手から暴力を受けていたという経験の重みが、職員には適切に理解されていなかったことが入管の報告書から読み取れる。

ウィシュマさんは入管職員に対して、同居していた元交際相手から繰り返し暴力を受けており、交際相手の子どもを中絶させられたこと、さらにはスリランカに帰国すれば元交際相手の家族から危害を加えられる恐れがあることを訴えていた[63]。彼女は、一月に入管に提出した仮放免許可を求める書類のなかでも、帰国すれば危害を加えられる恐れがあることを訴えている。DV被害経験がどれだけ深刻なものだったかは、彼女の別の行動からも見てとれる。ウィシュマさんは体調を崩し始めた当初、服薬や医療機関への受診を拒否していた。彼女と面会を続けていた支援者はその理由を、元交際相手に薬を無理やり飲まされて中絶させられた恐怖のためではないかと推測している[64]。ウィシュマさんの訴えと行動は、彼女をDV被害者として捉えた場合にはよく理解できるものである。

しかし、入管職員の間では彼女が被ったDVの経験は深刻なものとは受け取られていなかった。報告書によれば、職員はウィシュマさんが元交際相手から暴力を受けていたことを知っていたにもかかわらず、「痴話げんか程度」のものだと認識していた[65]。その結果、彼女の言動は、職員によって別の仕方で再解釈されてしまう。職員の間では、彼女が支援者と接触した後で日本に留まりたいと考えるようになり、収容施設外に出る許可（仮放免許可）を申請した直後に体調不良を訴えたという表面的な事実だけから、彼女は「仮放免許可に向けたアピールとして実際より誇張して体調不良を訴え」ているものと理解されていた[66]。名古屋入管局では、組織全体としても、収容者にDV被害者がいる可能性はほとんど想定されていなかった。DV防止法は、国に「被害者の自立を支援することを含め、その適切な保護を図る責務」を課している。入管庁でも「DV事案に係る措置要領」のなかで、DV事案の内容について本人の同意のもと事情聴取をして本庁まで報告することや、仮放免手続きを進めることが定められていた。だが、広く報道されたように、名古屋入管局の職員の間では措置要領の内容はそもそも知られていなかった[67]。

さらに深刻なことに、解釈的不正義と証言的不正義は相互に絡み合うことで、互いがより強固になっていく。拘禁施設においては、ウィシュマさんの事件に即して説明したように、周縁化された人びとは、自分の言動を誤解されたり再解釈されたりすることなく理解してもらうことが難しい（解釈的不正義）。収容者は、自分の経験を正確に理解してもらうため繰り返し職員に訴える。だが、収容者が置かれた状況を想像できない職員の側では、収容者は信憑性のない無意味な訴えを繰り返す存在と認識され、その収容者の訴えの内容に対する信頼は低いまま固定化されてしまう（証言的不正義の強化）。その結果、収容者の訴えが職員に理解される見込みもいっそう低くなってしまう（解釈的不正義の強化）。[68] 最終節で述べるように、この悪循環を止めるためには拘禁施設の外部にいる人びとの介入が必要になる。

医療従事者における認識的不正義

証言的不正義と解釈的不正義の問題は、医師や看護師と収容者との間でも生じる。これらの認識的不正義はそもそも、拘禁施設に限らず、一般の医療施設における患者と医療従事者の間でも生じやすいものである。そして、以下で述べるように、患者が収容者である場合には、医師や看護師が従う拘禁施設の組織規範のせいで、認識的不正義はいっそう深刻になる。

一般の医療施設においても患者と医師との間では認識的不正義は生じやすい。[69] 患者の多くは、診察において、自分自身が身体的あるいは精神的な不調についての経験を医師の前で説明することができる。だが、患者は医療用語を用いて説明できるわけではないため、医師に自分の経験を正確に伝達することはできない。特に患者が外国人である場合、通訳がおらず母語ではない言語で説明せざるをえないときには、伝達上の困難はさらに大きくなる（解釈的不正義）。[70] 医師は患者の訴えのうち診断に関連する情報を選別している。この選別は、医学的知識だけでなく、患者の訴えの信頼性に対する判断に基づいてなされる。この信頼性の判断では、医師が患者に抱いているステレオタイプが無意識のうちに作用している（証言的不正義）。

入管収容施設や刑務所のような拘禁施設で働く医師や看護師は、医療従事者であると同時に施設の職員としての役割意識も抱いているため、収容者が被る認識的不正義はいっそう深刻になる。

イギリスの刑務所内で収容者へのケアに従事する看護師のメンタルヘルスを調査したエリザベス・ウォルシュらは、刑務所で働く看護師は、医療従事者としての職業的要請と、刑務所職員という職務上の役割との間で葛藤を覚えていると指摘している。[71] たとえば、ある職員が、医療従事者として患者に適切な医療措置を受けさせたいと感じつつ、同時に、刑務所の職員として、患者を拘禁施設から出すべきではないと感じているならば、葛藤は大きくなる。

拘禁施設で働く医療従事者は、施設の職員であるという立場から、患者に対する医療処置を一定の水準に抑制しようとするかもしれない。[72] 医療従事者がこうした態度をとるとき、患者は、医師の診断を信用せず、処方薬を指示通り飲まないという抵抗を試みるかもしれない。

ウィシュマさんの事件の場合、彼女が適切な医療を受けられなかった背景には、医療の訴えを報告するかどうかの裁量が看守に委ねられていた、常勤医が不在で休日夜間に医療措置ができなかった、点滴も打てないほど収容施設内の医療機材が貧弱だった、[73] 患者本人が診療科を選択できないなどの多くの要因があげられる。これらに加え、医師と患者が対立するような関係があったことも見過ごすことはできない。

事件を受けて実施された入管施設に勤務する医師と看護師に対するアンケート結果からは、

入管施設内の医師は、収容者の詐病を疑いながら診療することが少なくないことがわかる[74]。また、同アンケートからは、医師の判断・指示に従わない収容者に対して医師が困難を覚えていることも示されている[75]。

反対に、患者の側も医師の診断を信用することができない。ウィシュマさんは面会に来た支援者に対して「病気のときに、入管の医者がきちんと診てくれないことだけが気がかりだ。入管の医者は信用できない。何の専門医なのかも分からないし、診療の結果もきちんと話してくれない」と話している[76]。本書の第五章で稲葉は、日本の入管施設に収用された経験がある人びとへの聞き取り調査において、自分が訴えている症状を医師に否定され、最終的に喧嘩になった経験をもつ人がいたことを紹介している。

拘禁施設において医師と患者は敵対的な関係になる。医師は、患者自身の身体的経験についての訴えを信用せず、測定されたデータによって客体化された患者の身体だけを頼りに診断することになる。ある研究者は、拘禁施設内における医者と患者の関係は、フランツ・ファノンが描く植民地における本国の医者と現地人の関係と同じであると指摘している。これは患者の視点からは決して言い過ぎではない[77]。

以上から、収容施設のなかで作動する認識的不正義の輪郭が明らかになった。本節の最後に強調しておきたいのは、証言的不正義と解釈的不正義はどちらも当人が意識することができない自動的な心理メカニズムによって作動するということである。そのため、収容施設の職員にとって、本節で述べたような認識的不正義が自分が職務を遂行している際に生じていることを自覚することは困難である。それればかりか、無意識で作動する心理メカニズムが原因である以上、職員がどれだけ個人的に努力したとしても、認識不正義が生じることを回避することは難しい[78]。もしそうだとすれば、誰かに責任を問うことはできるのだろうか。

4　責任を問うことはできるのか

ウィシュマさんやマケインさんの医療放置が、職員の頭のなかで無意識のうちに作動する心理的メカニズムによって引き起こされたものとすれば、その責任は誰にどのように問うことができるのだろうか。第四節では社会心理学と哲学の議論から、この問いを考察する。

無意識のバイアスから生じる行動は、意図的になされたわけではなく、またコントロールすることも困難である。この二つを前提とすると、無意識の心理メカニズムによって生じた行動に対して誰かの責任を問うことは難しいと思えるかもしれない[79]。本節ではまず、これら二つの前提をそれぞれ精査する。その結果、（1）意図的になされたわけではない行動に対する責任を問うのは突飛な考えではなく、（2）無意識のバイアスは、直接的にコントロールすることは困難でも、間接的にコントロールすることは可能であることを示す。そのうえで、問題のある無意識のバイアスが作動しにくい状況へと作り変えるためには、どういう範囲の人びとがどのような内容の責任を負うべきかという問いを検討する。

意図されていない行動に対する責任

ある行動が自覚的になされたものであるか、あるいは意図的になされたものであるかどうかは、ある人の責任を判断するときに考慮されるべき重要な前提だと考える人は多い。この前提に立脚すれば、意図されたわけではない行動に対して誰かに責任の行動を問うことは、奇妙な考え方に思えるかもしれない。

だが実際には、意図されたわけではない行動に対して誰かの責任を問うことを、わたしたちは日常の実践のなかでやっている。哲学者のロビン・チェンは、この点を牛乳をこぼしたときを例にして説明している。牛乳をこぼしてしまった人は、その行動を自覚的にやったわけではないかもしれない。それにもかかわらず、牛乳を拭き取る責任を牛乳を意図せずこぼしてしまった人に割り当てることは、決して突飛な考えではないだろう(80)。

無意識のバイアスによって生じた被害も、こぼれた牛乳と同じである。無意識のバイアスに基づいてなされた行動によって誰かが被害を被ったのであれば、その被害は補償されなければならない。わたしたちが被害の補償を目指すのであれば、たとえその被害が意図して引き起こされたものではなかったとしても、責任は誰かに適切な仕方で割り当てられなければならない。

コントロール困難な行動に対する責任

被害の補償のために誰かに責任を割り当てるためには、そもそも無意識のバイアスはコントロール可能かどうかを考えねばならないだろう。

この問いを考えるうえでは、直接的なコントロールと、間接的かつ即時的なコントロールとを区別して考えることが重要である。[81] 無意識のバイアスを直接的にコントロールするのは困難である。あるバイアスの存在を意識すると、しばらくの間はそのバイアスは確かに軽減されるのだが、しばらくするとそのバイアスがかえって強く作動する傾向があることが知られている。[82]

しかしながら、無識的のバイアスを間接的にコントロールすることは可能である。無意識のバイアスが作動しやすい状況が存在する場合にはより作動しにくいように状況を作り変えるという間接的な仕方によって、わたしたちはバイアスをコントロールできる。[83]

バイアスは間接的な仕方でコントロール可能であることを、個人の行動に対する状況要因の大きさを示すものとして非常に有名な、スタンリー・ミルグラムの実験に即して確認してみよう。[84]

この実験は次のようなものである。まず学習と記憶についての研究という偽った研究目的を掲げて実験参加者が新聞広告で募集された。集まった参加者は、学習者（本当は役者が演じているが参加者には知らされていない）が記憶テストに間違えた際に、罰として電気ショックを加えるよう、実験の監督者（やはり役者）に指示される。参加者は、学習者役がテストに間違った場合には、最初は一五ボルトの電撃を与え、その後ミスをするたびに一五ボルトずつ電圧をあげるよう指示される（実際には電流は流れない）。

この実験のもっともよく知られたバージョンは、参加者と学習者は、壁で隔てられ互いの姿は見えないが、声を聞くことはできるという状況でおこなわれた。[85] 学習者役と監督者役にはあらかじめ台本が渡されていた。学習者役は、自分は心臓が悪いので電撃を受けるのが不安だと、参加者にも聞こえるように発言する。学習者は、最初は無言だが、七五ボルトに達したときにうめき声をもらす演技をはじめ、一二〇ボルトに達すると「痛い」と抗議をする。一五〇ボルトでは、「心臓の具合が変になりかけているので、実験の継続を拒否します」という。それ以上の電圧では学習者役はさらに激しく苦痛を演じる。参加者が実験を継続することにためらいを見せた場合は、監督者役に実験を続けるようにうながされる。もし参加者が、電撃により学習者の健康が害されるのではいかと抗議した場合には、監督者役は「電撃は苦痛ではあるが永続的な身体の損傷は生じない」と答える。この結果、四〇人の参加者のうち二六人（六五％）が最大電圧（四五〇ボルト）まで実験を継続したとミルグラムは報告している。

ミルグラム実験をめぐっては、研究ノートが精査され、実験手続きと事後の倫理的配慮に瑕疵があることが判明している[86]。この実験の完全な追試は、参加者への心理的負担が重いため実施されていない。だが、近年、電流が一五〇ボルトに達した時点で実験を中止するという変更を加えた追試が各国でなされている。その結果、ミルグラムが報告したほどの高い割合ではなくとも、多くの参加者が、実験を途中で放棄することなく上限の一五〇ボルトに達するまで継続することが確認されている[87]。

この実験結果をどのように解釈するかが、本稿では重要である。ミルグラム自身は、実験の参加者は、権威をもつ科学者としてふるまう監督者の指示には耳を傾け、電撃のボタンを押す作業に集中する一方で、電撃を受ける学習者役の人の反応からは目を背け心理的距離をとっていたと解釈している。このとき、参加者は権威の「代理人」として実験に参加し、与えられた命令に歯車のように盲目的に服従する状態になっているという[88]。

だがミルグラムの解釈は支持できない。彼の解釈は今日では多くの論者に否定されている。記録用に撮影された実験のフィルムからは、参加者は学習者役の声に注意を明確に向けており、電撃ボタンを押す際には強い感情的な反応を示していたことがわかる[89]。そのため、この実験は、権威に対して人びとが服従する心理メカニズムの存在を示すものではない。むしろ、次で示すように、他者に苦痛を与えることへの心理的負担や良心の呵責を参加者が感じにくくなるような心理メカニズムが働きやすい状況の特徴を示すものである[90]。

ミルグラム実験は、参加者が学習者役の人に苦痛を与えることに対して心理的な負担を抱かずに済むような複数の状況的特徴が組み合わさったものである。ミルグラム実験の追試を行った社会心理学者のジェリー・バーガーは、こうした状況的特徴として四つを挙げている[91]。

第一に、電圧が一五ボルトという小さな単位でしか増加しなかったことである。人には、ある行動の繰り返しを一度始めれば、毎回の小さな変化よりも、行動の首尾一貫性を保つことを優先させる傾向性がある（「フット・イン・ザ・ドア」と呼ばれる）。そのため、ミルグラム実験の場合、一五〇ボルトや四五〇ボルトのボタンをはじめから押す場合に比べて、参加者の心理的負担は軽減された。

第二に、参加者はこれまで出会ったことがない状況に直面させられた。なじみがない状況においては、その状況についてより多くの知識を持っている人の行動に他の人が従うことは合理的であることが多い。そのため参加者は、自分よりも知識を持っていそうな監督者役を信頼し、その指示に従う方が合理的だと考えた。

第三に、参加者には監督者役の指示の妥当性を熟慮する時間が与えられていなかった。参加者は、試験問題を出し、解答を確認し、監督者役に正答を伝え、罰として課される電圧の強さを読み上げ、そのうえでボタンを押すという一連の動作を続けることを課された。少しでもためらいをみせるとすぐに、監督者役から作業を続けるように促された。十分な時間がないため、参加者は自分の行動が学習者役に与える苦痛がもたらす帰結の重大性を想像することは難しかった。

最後に、参加者は自分の責任を転嫁したり拡散させたりすることが容易な状況に置かれていた。参加者は自分が流す電流の危険性を監督者に確認することができた（監督者役は「永続的な身体の損傷は生じない」と答える）。さらに、参加者に法的な責任の所在について問いただされた場合には、「責任は実験開催者が負う」と監督者役は応答した。この電撃のボタンを押す参加者とその結果の責任を負う監督者との分業の元では、参加者は電流のボタンを押す行為の責任を監督者役に転嫁することは容易だった。

参加者が自分の行動について感じている責任の程度が実験に大きな役割をもつことはデータからも裏付けられている。バーガーは、自らが実施したミルグラム実験の追試における参加者の発言記録をもとに、学習者役に苦痛を与えることに参加者が感じている個人的な責任の程度と、実験を何ボルトまで継続したかとの相関関係を分析した[92]。その結果、実験を一五〇ボルトまで続けた人のうち、学習者役の苦痛に個人的な責任を感じている人はわずか一二・二%だった。それに対してより低い電圧で実験を中止させた参加者のうち、学習者役に個人的な責任を感じている人は六六・七%だった[93]。

バーガーが指摘した四つの状況的特徴は以上だが、さらにもう一つの特徴を指摘できる。実験参加者には、科学実験という解釈の枠組みがあらかじめ与えられていた。参加者は、実験中の自らの行動は、たとえ実験室の外では良心の呵責を覚えるようなものだったとしても、科学という崇高な目標によって合理化できてしまう[94]。

ミルグラムの実験は、官僚機構のような階層的な組織において、上司の命令に服従するというバイアスを回避することは困難であることを示す例として、紹介されることが多い。だが、すでに述べたように、こうした解釈は妥当ではない。むしろ、この実験が示しているのは、参加者の良心の呵責を軽減するように働く無意識のバイアスが作動しやすい状況要因である。

わたしたちは、どのような状況において問題のある無意識のバイアスが生じるかを事前に把握し、そうした状況が生じにくいように状況を作り変えていくことによって、無意識のバイアスをコントロールすることができる。ミルグラム実験に即して言えば、参加者が、はじめから高い電圧のボタンを押すものであったり、以前にも同じ実験に参加したことがあったり、作業中に自分の行動の意味を熟慮する十分な時間が与えられていたり、監督者役に実験継続の判断を仰ぐことができなかったり、科学実験と伝えられていなかったりする場合には、電撃のボタンを押す人はずっと少なくなるだろう。同じことは実験室の外についても言える。拘禁施設において作動しやすい問題のある無意識のバイアスを事前に把握し、そうしたバイアスが作動しにくい状況を作り出すことがわたしたちにはできるはずである。

無意識のバイアスに対する責任の分有

無意識のバイアスは、そうしたバイアスが作動しにくい状況へと作り変えるという間接的な仕方であればコントロール可能である。それでは、問題のある無意識のバイアスが作動しにくい状況へと作り変えるためには、どういう範囲の人びとがどのような内容の責任を負うべきなのだろうか。筆者の回答を先にいえば、問題のある無意識のバイアスが作動する見込みが高い状況要因の創出に関与しているすべての人びとが、各人が社会において占めている位置の違いに応じた内容の責任を、個人として負うべきである。

哲学者のラリー・メイは、人種差別的な無意識のバイアスと責任の問題を次のように考察している。[95]彼によれば、問題のある無意識のバイアスに影響された行動によってなされた危害を補償する責任は、当の行動をした人だけでなく、そうしたバイアスが作動する見込みが高い状況要因を作り出してきたすべての人によって分有されている。[96]問題のあるバイアスが作動する見込みが高い状況要因を温存してきた人びとに対しても責任が問われるのは、こうした人びとが、そのバイアスに影響された行動によって危害が生じる可能性を高くすることに関与しているからである。[97]ここで詳細に検討することはできないが、メイの議論は、拘禁施設の職員が抱く問題のある無意識のバイアスと責任の問題を考えるうえで重要な出発点となるものである。[98]以下では、本章の関心にとって重要な四つの点を指摘しておきたい。

第一に、問題のある無意識のバイアスが作動しにくいように状況を作り変える責任には、危害が将来において生じない状況を作り出すことが含まれる。メイが論じているのは、すでに誰かに危害がなされた場合における責任である。だが、アイリス・ヤングが指摘するように、メイの議論は、将来において誰かが危害を被る見込みがより少なくなるようにわたしたちのまわりの状況を作り変える責務を含むものに拡張可能である。[99]

第二に、問題のある無意識のバイアスが作動しにくいよう状況を作り変える責任は、そのバイアスが作動する見込みが高い状況要因を作り出してきたすべての人びとによって分有されている。責任が分有されているとは、この責任が各個人に何らかの仕方で割り当てられることを意味する。[100]

第三に、各個人に割り当てられる責任の内容と程度は、各人が社会において占めている位置の違いに応じて異なる。[101]拘禁施設における医療放置問題に即して言えば、それぞれの行政職員は自分の職務上の役割に応じた責任を負う。だが、責任が割り当てられるのは職員だけではない。最終節で議論するように、問題のある無意識のバイアスが作動しにくい状況を作り出す責任は、職員だけではなく、収容施設の外部にいる支援者や収容者の家族、ジャーナリスト、研究者や政治家、その他の一般の人びと、さらには収容者自身によっても分有されている。

最後に、分有された責任は、各人が集団的行為に他の人びとと共に参加することでのみ果たされる。問題のある無意識のバイアスが作動しにくい状況を作り出すことを一人で実現することはできない[102]。医療放置事件の背後にある職員の無意識のバイアスを解消するためには、多くの行政職員、収容施設の外部にいる人びと、収容されている人びとが一緒になって取り組む必要がある。最終節では、それぞれの社会的位置においてなされるべきことを、より具体的に検討したい。

5　何がなされるべきか

本章は収容施設内での医療放置問題の背景にある構造的問題を、施設内で収容者と日常的に対面しながら働く職員に焦点をあて分析してきた。結論として、「収容者の訴えはなぜ信用されないのか」という問いに筆者は次のように回答したい。治療を求める収容者の切実な訴えが職員に信用されないのは、収容者の発言の信憑性を不当に低いまま維持してしまう問題のある無意識のバイアスを個々の職員が抱きやすい状況要因が存在するからである。この結論は、ウィシュマさん事件を受けた日本の入管の対応策は、事件の背後にある構造的要因を放置する点で、きわめて不十分であるという含意をもつ。以下ではまずこれらの点を詳述する。最後に、本章の議論から示唆される、収容施設における医療放置問題に対してなされるべき方策を考察する。

ウィシュマさん事件の入管の対処策とその問題点

ウィシュマさん事件報告書において入管が挙げた改善策は、収容者に対する医療体制の強化と、体調不良者に対する仮放免の指針の作成、個々の職員の意識改革の三つを柱とするものである。[103] 本章の議論と特に関連するのは、職員の意識改革という改善策である。この報告書とその後に示された入管の対処策には、[104]（1）この事件の背後にある、問題のある無意識のバイアスが作動しやすい構造的要因を看過しているばかりか、（2）そうした構造的要因をむしろ強化しているという問題がある。

入管の改善策の第一の問題点は、問題のある無意識のバイアスの作用という、事件の背後にある構造的要因が看過されていることである。報告書において職員の意識改革として強調されているのは、収容者の医療を求める訴えが本当かもしれないという意識を現場職員に意識づける必要性である。報告書を引用する。

A氏〔ウィシュマさん〕の体調不良の訴えが仮放免に向けた誇張やアピールとの疑いがあったとしても、真に医療的対応が必要な状況を見落とすことのないようにするとともに、そのような状況があれば、速やかに局幹部や医療従事者に相談するよう、看守勤務者等職員に意識させておく必要があった。しかし、名古屋局では、それが十分に行われていなかった。個々の職員に対する教育や意識の涵養は重要な課題である。[105]（〔　〕内は引用者）

引用箇所では、職員に、たとえ自分が収容者の詐病を疑っていたとしても、収容者の訴えが本当である場合を識別することが求められている。

この箇所からわかるように、報告書は、個々の職員が十分に注意すれば、収容者の真正な訴えと虚偽の訴えを識別できるという前提にたっている。しかしながら、第三節で示したとおり、職員による医療放置が生じた背景には、収容者の発言の信憑性を不当に低く評価してしまう無意識で作動する心理メカニズムが存在する。この問題のある無意識のバイアスによって生じている事態は、認識的不正義である。やはり第三節では、無意識のバイアスを個々人が直接的にコントロールすることは困難であるため、職場環境などの状況要因を問題のある無意識のバイアスを個々の職員が抱きにくいものへと作り変えることが重要だと指摘した。報告書の提言は、問題を職員個人の意識へ還元し、医療放置が生じやすい構造的な状況要因を放置している点で大きな限界を抱えている。

第二に、より深刻な問題として、入管が掲げた改善策は、収容者を犯罪イメージと結びつけるスティグマ化を助長することによって、医療放置の背後にある問題のある職員の無意識のバイアスをむしろ強化してしまう。ウィシュマさん事件後に入管が公表した文章では、収容者の違法性が強調されるだけでなく、犯罪イメージとの関連づけがなされている。

いま述べた点を確認するために、まず「出入国在留管理庁職員の使命と心得」という文書を取り上げたい[106]。この文章は、事件後にすべての入管職員の意識改革のために、現場職員と地方組織の幹部職員、霞ヶ関の職員、外部有識者から意見聴取して作成されたものである[107]。この心得では、職員の「公正な目と改善の意識を持つ」こと、「人権と尊厳を尊重し礼節を保つ」こと、「心情を理解」すること、「聴く力と話す力を養う」ことなどが掲げられている。その一方で、出入国在留管理行政の役割として、「我が国の安全・安心を脅かす外国人の入国・在留を阻止し、確実に我が国から退去させることにより……適正な出入国管理を実現すること」が謳われている。

安全保障が、出入国管理上の重要な関心事のひとつであることそれ自体を否定することはできないだろう。しかしながら、誰が「我が国の安全・安心を脅かす外国人」なのかは、慎重に吟味される必要がある。筆者が第七章で論じるように、入管法に違反するという行為自体を規範的にどのように評価するかはそれ自体重要な問いである。この問いについて、ウィシュマさん事件後に出された「現行入管法上の問題点」という文書では、十分な吟味がなされることなく、入管法違反が犯罪イメージと結びつけられている。同文書では、「不法残留自体が制度上、大きな問題」という認識が示されたうえで、「参考」として「入管法第七〇条では、不法残留自体が犯罪とされている」ことを指摘している。加えて、「在留資格のない不法残留者は……社会不安を増大させかねない」という見解も示されている。[108]だが、入管の許可なく暮らす人びとを罰することに十分な根拠があるかは改めて検討されねばならないだろう。入管法違反は、窃盗のような犯罪ではなく、駐車違反のような軽微な交通法違反に類するものである。そのため、現在の入管法の罰則規定の側が不正である（この常識に反する結論の論証は第七章を参照）。二〇〇四年に入管法第七〇条で規定された罰金の上限額がそれ以前の一〇倍に引き上げられたが、いま述べた観点からは、この厳罰化は正当化されるのかがまず問われなければならないだろう。だが、入管文書ではこうした問い直しは一切されることなく、入管法違反者と「犯罪」イメージが単純に結びつけられている。付言すれば、犯罪者イメージによるスティグマ化はマケインさんの事例でも報告されている[109]。

日本の入管は組織的な文書によって収容者のスティグマ化に加担している。入管がスティグマ化に組織的に加担する要因の一端は、第二節で確認した感情労働論の観点から理解できる。すでに述べたように収容施設の現場職員は、収容者との日常的なやりとりから生じる感情のゆれを覚え、そうした感情を切り離し、麻痺させることに多大な努力を払っている。そして、個々の職員がこうした感情のゆれに対処する仕方は職場によって管理されている。組織的な文書によって収容者が犯罪イメージと結びつけられることで、個々の職員は職務内容を正当化することができる。その結果、収容者との対面から生じた感情を、麻痺させ自己を切り離すことが容易になる。さらに、組織としても、収容者と犯罪イメージを結びつけることで、組織外部からの批判に対する防衛が可能となる[110]。

収容者のスティグマ化が、医療放置事件の背後にある問題のある無意識のバイアスという構造的要因を強化してしまうことは、決して見過ごされてはならない。犯罪者としてのスティグマ化は、二つのメッセージを含んでいる。ひとつは、その人は共感すべき対象ではないというメッセージである。もうひとつは、その人の訴えの内容は信用できない、というメッセージである[111]。職員はこれらのメッセージを内面化する結果、収容者を一人の人格とみなすのではなく、ひとつの集団とみなす。そのため職員は、収容者の行動を恒常的に疑いの目で見ることになる。[112]入管職員が収容者を疑いの目でみるうえで、その収容者が本当に犯罪を犯したかどうかは無関係である。[113]

その結果、収容者が切実な訴えをしており、その訴えの内容が信頼できる証拠が存在する場合であっても、職員がその訴えの信憑性を疑い続ける可能性が高くなってしまう。つまり、収容者は、スティグマ化されることによって、ウィシュマさんやマケインさんが直面したような証言的不正義に直面する見込みがより高くなる。

スティグマ化はさらに、収容者が解釈的不正義を被る可能性も高くする。稲葉が第五章で論じているように、収容施設において収容者はハンガー・ストライキや自傷行為によって自らの処遇に対する抵抗を試みる。このように収容施設は抵抗の拠点でもある。

だが職員にスティグマ化されることによって、収容者の抵抗行動は職員によってその意味を剝ぎ取られ、再解釈されてしまう。第二節で紹介したボズワースはイギリスの事例を報告している。収容施設において収容者のハンガー・ストライキの試みは、職員によってたんなる「食糧拒否」として扱われる。また、一部の収容者は抗議のために自らの唇を縫うという行為に訴えることがある。だがある職員は、この行動も、たんなる「ふり」にすぎないと解釈された。この職員はその根拠として、その収容者が、縫い合わせた唇の間にタバコを吸えるだけのスペースを残していることを根拠に挙げた。[114]

同様の事例は日本においてもみられる。収容施設の処遇や収容期間の長期化に抗議する収容者のハンガー・ストライキは、入管組織やその職員からは「集団官給食摂食拒否」と呼ばれている。ある地方幹部職員によれば、収容者はハンストをしているわけではない。その根拠は、「官給食のみの摂食拒否」であり、「差入れ品や自費で購入したものは摂食してい」たからだという[115]。

これらの事例からわかるように、スティグマ化によって収容者は、自らの尊厳をかけた抵抗行動でさえも、入管組織や職員によってたんなる演技であると意味を剝奪される存在になる。そして、第三節で述べたように、いま述べた解釈的不正義と、証言的不正義は、相互に絡みあい、それぞれがより強固なものとなっていく。

収容者のスティグマ化は組織的になされていることを再度強調しておきたい。前述のように日本の入管において入管違反と犯罪者イメージとの結びつけは組織文書上でなされている。さらに、ハンガー・ストライキの意味の再解釈もまた、入管の文書上で繰り返しなされている。ウィシュマさん事件後に出された入管文書においても、ハンガー・ストライキは政治的な抵抗としての意味を剝ぎ取られ、たんに自分が収容施設の外に出る「仮放免の許可を得ることを目的とする」行為として説明されている[116]。第二節で述べたように個々の職員は、公式の研修・訓練や、上司と同僚との日々のやり取りを通じて、組織において模範とされる感情への対処の仕方を学習していく。組織文書は、この学習の過程において、繰り返し参照されることで、収容者に対する職員の認識に大きな影響を与える。職員はその結果、収容者と親しくせず、感情移入をせず、その訴えを信用しないように訓練されていく。収容者の発言の信憑性が不当に低いものとみなされる環境が維持され続ける帰結として、職員がもつ問題のある無意識のバイアスは、解消に向かうどころか恒常的に強化されていく。そのため、収容者の訴えが職員によって打ち消されるパターンはより強固なものになってしまうだろう。

各人が担うべき役割

本稿を終える前に、収容施設における医療放置事件の背後にある構造的要因を解消するために何がなされるべきかを検討したい。

上述のようにウィシュマさん事件に対する入管の対処策は、問題のある無意識バイアスが作動しやすい構造的要因を強化してしまう。なぜ問題のある構造要因は見落とされてしまうのだろうか。その理由は、認識的に閉じた集団がもつ特徴から説明できる。

認識的に閉じた集団とは、同質性の高い人びとから成る、相対的に閉鎖的な社会ネットワークを形成している集団を指す。こうした集団のなかでは、ものごとの解釈の枠組みは固定されやすい。そのため、外部から新しい情報がもたらされた場合でも、既存の解釈は更新されず維持されてしまいがちである。そればかりか、この集団の成員には、自分たちに見落としているものがあると自覚することさえ難しい(117)。行政組織は、認識的に閉じた集団になりやすい。すでに述べたように、収容者の訴えが職員によって打ち消されるパターンは、公式の研修・訓練や上司・同僚とのやり取りを通じてより強固になっていく。このパターンは職員の無意識のバイアスによって支えられており、職員が自覚することは難しい。

認識的に閉じた集団が、自分たちの解釈の枠組みには限界があり、注意すべきものを見落としていることに気づくためには、当の集団の外部からの介入が必要である[118]。メディナはこの点を、ダーラム郡拘置所の収容者の事例に即して分析している。次で述べるように、この事例においては、支援団体が介入することによって、拘置所の職員による収容者のスティグマ化に対処することができた[119]。

ダーラム郡拘置所においては、マケインさんの事件だけでなく、他にも職員による暴行などの多くの問題があった。しかしながら、たとえ収容者が当局に個別に苦情を申し立てても、ほとんど何の対応もされてこなかった。そこで収容者たちは、支援団体を通じて外部の人びと（市民活動家、家族、ジャーナリスト、研究者、政治家、その他の一般の人びと）と連携することで、当局に働きかけを行った。支援者らはまず、収容者の訴えが職員によって無視されないようにするため、郡拘置所に対して電話で抗議をするなどの働きかけを行った。

だが、拘置所への抗議だけでは、収容者の訴えが職員によって打ち消されるパターンを解消することはできない。このパターンは、職員の無意識のバイアスによって支えられており、収容者と犯罪のイメージを結びつけるスティグマ化によって維持され強化される。また、同様の無意識のバイアスは、収容施設の外部にいる人びとの間でも抱かれているかもしれない。収容者に否定的なイメージが強固に結び付けられたままでは、収容者の訴え内容や行動の意味は聴き手によって再解釈されてしまう（ハンガー・ストライキの例を想起（一四〇頁））。

ダーラム郡拘置所の事例において支援者は、収容者の訴えが再解釈されることを防ぐため、収容者たちの声を編集することなく直接届ける戦術を採用した。支援者らは、郡拘置所の問題を話し合う対話集会や郡公聴会において、拘置所の処遇の劣悪さを訴える収容者の声明を読み上げた。支援者らはまた、収容者の手紙をそのままのかたちで出版・公開した[120]。支援団体はこれらの戦術のなかで、マケインさんは、匿名の収容者ではなく、彼の家族にとって「愛されるべき息子であり、恋人であり、父親」であり、地域社会のなかで彼がリーダーとしての役割を果たしていたことを描き出した。このように彼を一人の個人として描くことによって、彼もまた共感の対象であり、信頼されうる人物であったことが示された[121]。

その結果、当局は、収容者からの訴えに公共的な空間において応答することを迫られた。郡拘置所長は対話集会において、収容者と犯罪イメージを結びつけたうえで、収容者の訴えは信じることができないと発言した[122]。この発言は、収容施設のなかで生じている収容者の訴えの内容が職員によって再解釈され打ち消されるパターンを、外部の人に可視化するものだった。公共的空間によって問題のあるパターンが可視化されたことで、その背後にある職員のバイアスの解消に向けて多くの人びとが取り組むことが可能になった。

日本の入管収容施設においても、支援者は同様の役割を果たしている。収容者の訴えは、面会活動を日常的に行う市民団体やジャーナリストが介在することで、収容施設の外部に伝えられる。ウィシュマさんが生前に書いた手紙は、支援者によって出版されている[123]。本書で繰り返し言及されている二〇二一年の「入管法改悪に反対する緊急アクションシットイン」はやはり象徴的な事例である。シットインにおいて、収容されている人びとのメッセージが支援者によって読み上げられた。自分自身が収容された経験がある人も参加し発言した。シットインが創り出したのは、仮放中の人も含む当事者が公共的な場で自ら声を発する空間である（第一章）。これらの活動を通じて、匿名化された収容者のイメージは相対化され、ウィシュマさんをはじめとする一人ひとりの姿が描き出された。

第三節で述べたように、医療放置問題の背後にある問題のある無意識のバイアスが職員に作動しにくい状況を作り出す責任は、職員だけではなく、収容施設の外部にいる、支援者や収容者の家族、ジャーナリスト、研究者や政治家、その他の一般の人びと、さらには収容者自身によって分有されるべきである。そこで述べたように、各人が具体的に負う責任は、それぞれが社会において占める位置によって異なっている。最後に、ごく簡単ではあるが、これまでの議論をふまえ、収容者、外部にいる人びと、職員のそれぞれが、個人として負う責任の輪郭を素描したい。

収容者は、拘禁施設のなかの状況の詳細を知りうる位置にいるため、その施設においてどのような運用がなされており、収容者がどのような扱いを職員から受けているかを、他の誰よりもよく知る立場にある[124]。そのため、それぞれの収容者は、他の収容者ともに、自分たちの訴えが職員に打ち消されるパターンが存在することをはじめとする、問題のある施設内の状況を告発する役割を担うことができる。そして、この役割を担えるのは、収容された経験をもつ人だけである（第五章ではこの役割を日本で引き受ける収容経験者の姿が描かれている）[125]。

収容施設の外部にいる人びとは、収容者と行政職員の双方に関与し働きかけることができる点において、重要な役割を果たすことができる。収容者は、面会機会や通信手段が制限されているため、外部の人に自分の経験を伝えることが特に難しい環境に置かれている（第三節で述べた認識的不正議論の用語を用いれば、沈黙化作用に晒されている）。収容施設の外部にいる支援者は、この沈静化作用を緩和するうえで重要な役割を担うことができる。

外部にいる人びとはさらに、収容者の訴えを施設の外部に伝え増幅することによって、行政職員の間で抱かれている、証言的不正義と解釈的不正義を生じさせる点で問題のある、無意識のバイアスの存在を可視化する役割を果たすことができる。上述のように、行政組織は認識的に閉じた集団であることが多いため、職員自身が自らの問題のある無意識のバイアスに存在に気づくことは難しい。外部にいる人びとは、収容された人びとの訴えを媒介し、一人ひとりの収容者の姿を描き出すことで、行政組織に公共空間上においてそれらの訴えに応答するように迫ることができる。その結果、問題のある無意識のバイアスの存在が可視化される。もちろん、可視化が一度なされただけでは十分な効果はもたないかもしれない。だが、このプロセスが繰り返されることで、職員をはじめとする社会の多くの人に抱かれた収容者のスティグマ化されたイメージが変容し、問題のある無意識のバイアスが解消へと向かう筋道が開かれるだろう。[126]

収容施設の職員は、収容者や外部の人びとからの訴えに耳を傾け、自らの知識を更新し、必要であれば収容施設の内外での出来事を解釈する枠組みを修正していくことが求められる。実は、外部の人びとの訴えにも耳を傾けることの重要性は、ウィシュマさんの事件を受けて入管組織のなかでもすでに了解されている。[127] ここでは、行政と収容者との間の関係性を、これまでの行政内部での捉え方とはまったく異なる仕方で理解することまで時に求められることを強調しておきたい。特に、収容者を犯罪者のイメージと結びつけて理解すべきかは、職員自身によって絶えず問い直されなければならないだろう。職員は、問題のある無意識のバイアスが作動しにくいような状況へと作り変えるために、具体的にどのような変革がなされるべきかを考え、それを提案し、実行するうえでも中核的な役割を担うことができるし、そうすべきである。これは職員自身の職場環境の問題なのだ(128)。

もちろん、具体的に何がなされるべきかは、個々の文脈によって異なるため、時々の文脈のなかで精査され、実行されるより他ない。だが重要なのは、問題のある無意識のバイアスが作動しにくい状況は、各人が他の人びとと一緒になって解決に向けて行動することによって、はじめて実現されるということである。本章の議論が、わたしたちが分有している責任についての公共的な議論に、ささやかながら貢献できれば幸いである。

注

(1) START(二〇二二:二月一六日の記録)。後述するように、職員はウィシュマさんの訴えを、収容施設から外に出る許可(仮放免許可)を得るためのアピールだとみなしていた。

(2) 毎日新聞(二〇二一)

(3)「社会構造」をどう捉えるかは論争的だが、本章では、社会においてよく似た位置にいる人びとに共通する社会経験に着目することで明らかになる作用と定義する(cf. ヤング 二〇二二)。

(4) 収容施設の建築構造については国や施設による違いが大きい。元刑務所が入管収容施設として使用される場合もあれば、民家と同様の建物が使用される場合もある。なお拘禁施設には、捕虜収容所、精神科医院の閉鎖病棟や感染症対策のための隔離施設なども含まれるが、本章では論じることはできない。

（5）（Medina et al. 2021: 373）。マケインさんの事例は、後述するように哲学者のホセ・メディナらが詳細に分析している（Medina et al. 2021）。マケインさんの死亡事件の詳細は、支援団体によって冊子にまとめられている（Inside-Outside 2016b）。なお、ダーラム郡拘置所では、本文で述べたことに加えて、職員による暴行や、処遇の劣悪さ（医療放置、不衛生な環境、恣意的になされる懲罰的拘束）が報告されている（Medina et al. 2021: 356）。

（6）死亡が確認される五日前、うまく食事が摂れない彼女に対して、職員が「鼻から牛乳や」と発言している。また、死亡確認の前日と当日にも同様の不適切な発言があった（出入国在留管理庁 二〇二一 a：八一）。

（7）Wettergren（2010）

（8）本章での「現場職員」とは、収容者らと日常的に対面で接触する職務にあたる職員を指すものとする。なお、拘禁施設の職員の雇用形態は国によって様々である。日本は国家公務員としての雇用だが、イギリスのように委託を受けた民間企業に雇用される場合もある。

（9）大塚（二〇二〇）

（10）出入国在留管理庁（二〇二一 a：四－六）

（11）前掲：七

（12）こうしたイメージの源泉は、マックス・ウェーバーの官僚論にある。「職業官吏は……不断に進展する機構のなかで専門の仕事を託された個々の歯車であるにすぎない」（一九八七：五三）。また、一九六一年にエルサレムで行われたアイヒマン裁判における弁護側の主張（「小さな歯車」論）もこのイメージの確立に大きな役割を果たしている。ただし、近年の歴史研究では、アドルフ・アイヒマンは、実際にはユダヤ人虐殺への自らの「功績」を周囲に熱弁する「確信的な反ユダヤ主義者」だったと指摘されている（シュタングネト 二〇二一）。

（13）リプスキー（一九八六）

（14）名古屋局被収容者処遇細則によれば、収容者から医師の診療の申し出があった場合には、局長に報告し、その指示を受けなければならない。しかし実際には、「収容者から診療の申出があった場合でも、事前に看守勤務者や看護師等が診療の必要性を判断して言わば事前のスクリーニングが行われており、そこで診療の必要があると判断されなければ、診療申出書が作成されず、局幹部への報告や決裁が行われない運用となっていた」（出入国在留管理庁二〇二一：七〇）。

（15）たとえば、Maynard-Moody（2003）。

（16）Jilke et al.（2018）。行政職員の判断における無意識のバイアスについては、林嶺那氏から多くの知見を得た（記述内容の責任は筆者にある）。

（17）ホックシールド（二〇〇〇）; Philip et al.（2021）

（18）Bosworth（2014）。本文の記述は、ボズワースの調査結果を、筆者が感情労働論の観点から分析したものである。

（19）Bosworth（2014: 218）

（20）ibid.

（21）ホックシールド（二〇〇〇：二一四 - 六）

（22）Bosworth（2014: 196）

（23）ibid.

（24）ibid.: 186

（25）ホックシールド（二〇〇〇：二一五）

（26）Bosworth（2014: 208）

（27）Puthoopparambil et al.（2015: 7）

（28）ibid.

（29）ibid.

（30）Bosworth（2014: 205, 208-9）
（31）刑務官についても同様の指摘がある（Phillips et al. 2021: 131）。本文で述べたことは、拘禁施設の職員にとって共通する事柄かもしれない。
（32）Bosworth（2014: 151）
（33）職務上の役割を演じることを止め、最終的には離職することは、感情のゆらぎに対する第三の対処策であるとも言える（ホックシールド 二〇〇〇：二二六）。ボズワースはあまり注目していないが、収容施設職員の感情も行政組織によって制度的にコントロールされている。この点は本節で後述する。
（34）実際、二〇一九年に起きた大村収容所で収容者の男性が餓死した事件において、泣き崩れる職員がいたことが支援者に目撃されている（坂東ほか 二〇二〇ａ）。
（35）ホックシールドは、職場において共有され指示されたあるべき感情の在り方を、「感情規則」と呼んでいる（二〇〇〇：六八）。
（36）ホックシールド（二〇〇〇：二二五）。ホックシールドは次のような印象的な比喩をあげている。「農夫が自分の使役馬に遮眼帯を着けて前だけを見るようにさせるのと同じように、制度はわたしたちがどう感じるかを管理する」（前掲：五六）。遮眼帯とは、競走馬にも使用される、馬を作業に集中させるために用いられる視界の一部をさえぎる覆面である。この引用からも明らかなように、ホックシールドは、制度が労働者の感情に介入していく現象を批判的に捉えている。だが、日本で行われてきた感情労働論を用いた研究は、ホックシールドの議論から離れ、個人的なストレス対処スキルを肯定的に捉える傾向があるという指摘がある（山本・岡島 二〇一九）。
（37）ホックシールド（二〇〇〇：五六）
（38）Wettergren（2010）
（39）ibid.: 409
（40）ibid.: 412-3。この調査は、二〇〇六年から二〇〇九年の間に実施された。スウェーデンの難民審査は、この時期にはそれ以前よりも厳格化していた。だが難民審査担当者らは、自らは閉鎖的な世論から難民の尊厳を保護するコスモポリタンだという自意識を抱いていたという（ibid.: 401）。

（41）ibid.: 413; Kalir 2019: 75

（42）Wettergren（2010: 409）

（43）たとえば農村部の自治会では、世帯主の男性以外の参加は想定されていない（二〇二一年一二月に筆者が参加した岩手県のある自治会体役員経験者からの聞き取り調査結果）。

（44）フリッカー（二〇二三）; Kidd, Medina and Pohlhaus（2017: 1）。認識的不正義という概念は、ミランダ・フリッカーの研究によって知られるようになった（フリッカー 二〇二三）。認識論的不正義における「不正義」とは、人びとが受ける不当な取り扱いを広く指す（フリッカー 二〇二三：一；cf. ヤング 二〇二〇：五三）。認識的不正義論を紹介する邦語文献として佐藤（二〇一九）とマン（二〇一九：二四九－五六）を参照。

（45）Medina et al.（2021: 356）

（46）証言的不正義における「証言」とは、日常的な用法よりも広い意味であり、他者によって語られることのすべてが含まれる（フリッカー 二〇二三：七九；佐藤 二〇一九：二六一注）。そのため、拘禁施設で収容者が職員に訴える内容も含まれる。

（47）フリッカー（二〇二三：二章）; Anderson（2012）

（48）本文で述べたような自動化された心の作用は、ベストセラーになったカーネマン（二〇一二）で詳しく述べられている。

（49）フリッカー（二〇二三：四一－四）

（50）前掲：四七－八

（51）Medina et al.（021: 358-9）

（52）遺族に開示されたウィシュマさんの映像記録についての弁護団の報告によれば、彼女は、適切な治療が受けられなかった結果、死亡が確認された三月六日の二週間前には衰弱は明らかだった。ウィシュマさんは、亡くなる二か月以上前の一二月下旬からすでに体調不良を覚え、一度は回復したものの一月中旬以降、体調は悪化していった（出入国在留管理庁二〇二一 a）。支援者も体調の悪化を認めて一月二〇日に入管庁に申し入れをしている（眞野二〇二二：六〇）。ただし、職員が詐病であるという判断を維持した別の要因として、庁内医師による診断で重篤な異常なしとされていたという点は考慮されねばならないだろう（出入国在留管理庁二〇二一 a：五五‐六）。医療の問題は本節で後述する。

（53）本文で論じているのは、メディナの能動的無知（active ignorance）についての見解の一部である（Medina 2013）。

（54）ジョスト（二〇二二）; Anderson（2010: 46）; 北村ほか（二〇一八：三〇‐一）

（55）システム正当化バイアスの存在を明らかにした心理学者のジョン・ジョストは、このバイアスは非常に強力であり、社会的に劣位な集団が、自らの劣位な状況を肯定するような否定的な自己認識を抱くに至ることさえあると指摘している（Joost et al. 1994）。たとえば、貧困層の間では、能力主義のイデオロギーが受容される傾向が、そのほかの階層に比べてむしろ強い。その要因は心理的ストレスの緩和である。実際、貧困層のうち、現在の境遇の原因を自らの努力不足だとみなし、自分自身の責任だと感じている人の方が、より肯定的な感情や満足感を得ているという（Joost et al. 2003: 145）。

（56）Medina（2013）

（57）メディナは、心を閉ざす態度の要因には、（収容者のような）周縁化された集団が自分の経験や心身状態をうまく理解させることができないこと（解釈的不正義）もあると指摘している（Medina 2013: 69; 2016: 182-3）。

（58）Medina et al.（2021: 365-6）

（59）Anderson（2012: 170）; 北村ほか（二〇一八：一六‐八）

（60）Anderson（2012: 170）; Medina（2013: 66）

（61）本稿の執筆にあたり、出入国在留管理庁の報告書本文と、別紙および別添資料を参照した（さらに脱稿後に名古屋地裁で開示された五時間分の監視カメラ映像（令和四年ワ891号訴訟記録）を視聴した）。報告書によれば、職員が作成したウィシュマさんの面会記録には、支援団体メンバー側から「病院に行って体調不良を訴えないと仮放免されない」という記載があった（ただし支援団体はそうした発言があったことを否定している）。報告書では、この面会記録が職員の間で共有されていたことが、職員がウィシュマさんの詐病を疑った一因として挙げられている（出入国在留管理庁二〇二一ａ：五五）。

（62）Medina (2013: 96f.)

（63）出入国在留管理庁（二〇二一ａ：六二－四）

（64）眞野（二〇二一：七〇）

（65）出入国在留管理庁（二〇二一ａ：六五）

（66）出入国在留管理庁（二〇二一ａ：五五）

（67）出入国在留管理庁（二〇二一ａ：六五）。なお、措置要領では、ＤＶ被害者の仮放免手続きが進められるのは、「当該容疑者が逃亡又は証拠の隠滅を図るおそれがある等，仮放免することが適当でないとき，又はその他の理由で仮放免により難い場合を除」くという条件が付されている。報告書はウィシュマさんの事件では、彼女のＤＶ被害を認めたとしても、難民認定理由に明らかに該当しない難民申請を行っていることから収容を継続すべき事例であったと結論づけている（前掲：八五－六、九二）。措置要領自体の妥当性も問われるべきだが、ここでは紙幅がない。

（68）Medina (2013: 96-7); Medina et al. (2021: 373)

（69）Kidd and Carel (2017)

（70）なお、ウィシュマさんの事件においては、医師の診察では通訳が行われていた（二〇二一ａ：八一）。だが、ウィシュマさんが看守勤務の職員に対して不調を訴える際には、通訳はいなかった。入管報告書でもこの問題点は指摘されており、通訳の活用が提言されている（前掲：八三、九五）。これは重要な改善策であるが、通訳の質をどう担保するかという課題が残されている。

（71）Walsh et al. (2009)

（72）Pitts (2018: 27)

（73）出入国在留管理庁（2021a）

（74）次のような回答が記載されている。「庁内診療の度に様々な症状を訴えては、薬を処方されても服用せずに、「治らない」などと体調不良を訴え続ける者もおり、詐病か否かの判断が困難な場合がある」。「庁内診療で異常が見当たらず、外部医療機関でも同様に判断される事例が少なくないため、詐病を考えがちになることがあるが、真に対応すべき疾病を見落さないかと不安を感じることがある」（出入国在留官署有識者会議 二〇二二：六）。ウィシュマさん事件の報告署においても、収容所の外で彼女を診察した医師が、彼女が詐病である可能性を疑ったことが記載されている（出入国在留管理庁 二〇二一a：四六－七）。

（75）前掲：四

（76）出入国在留管理庁（二〇二一a：別紙4、一月二九日）

（77）Pitts（2018: 22-3）。ファノンは次のように言う。「医師は……現地人の口から症状をきき出すことを諦め、体を見る方がよほど解ると考えて、臨床的診療へときりかえる。……（中略）……医師曰く「あの連中はどこが悪いのか自分でもわからないのだ」患者曰く「彼らは一目みて信頼できない」……ほどなく医師も看護人さえも一つの行動規範をつくり上げてしまう。つまり、あの連中には医学の応用は行わず、獣医の技術を行うべしと、……」（ファノン 一九六九：九七－八）。稲葉も第五章で「牛久のお医者さんたちは……動物扱いする人が多いね」という元収容者の証言をあげている。

（78）フリッカー（二〇二三：五〇）; Fricker（2017: 54）; Medina（2013: 35）

（79）Levy（2014）。無意識のバイアスと責任をめぐる問いは、哲学において近年活発な議論がなされている。Brownstein et al.（2016）および石田（二〇二〇）を参照。

（80）Zheng（2016: 74）。より専門的に説明すれば、本文で述べたような責任の考え方は、帰結主義だけではなく、ストローソンやスキャンロン、ヤングのような二人称的な責任論によっても支持されている（ibid.: 63-6, 83）。二人称的な責任論は、わたしたちが互いを責任を負いうる存在だとみなしていることに着目する。そして、自覚的ではない行為から被害が生じた場合には、被害者の観点に立脚して、被害を補償する責任を受容することが要請される（Zheng 2016: 86; cf. Scanlon 1998: ch.6.; ヤング 二〇二二：三章、四章）。
（81）Holroyd et al.（2017: 7-8）; 石田（二〇二〇：八－九）
（82）北村ほか（二〇一八：七七－八）。そのため、組織のなかで作動するバイアスを、一回限りの研修で解消することは困難である。
（83）Bandura（2016: 45-7）
（84）ミルグラム（二〇一二）
（85）これは新ベースライン実験と呼ばれている（ミルグラム二〇一二：八九）。
（86）監督者役は公表された台本とは異なる演技をすることが実際には多かった。また、実験後に参加者の心理的ショックを和らげるために実施されたとされている趣旨説明が十分なされていなかった（Smeulers 2020: 222-5）。
（87）Burger（2009）; Smeulers（2020: 240）
（88）ミルグラム（二〇一二：二一六－八）。この解釈に基づいて、ミルグラムは自らの実験を「アイヒマン実験」とも呼んでいる。これは注12で述べたような、アイヒマンの弁護人が述べた「小さな歯車」論をふまえたものだろう。なお、ミルグラムはこの「小さな歯車」としてのアイヒマン像を、アーレントの「悪の陳腐さ」と結びつけているが（前掲：二〇－一）、これはアーレントが意図するものではない。アーレント自身は、小さな歯車論を明確に拒絶している（二〇一六：五一－二、五三、七七）。
（89）Burger（2014: 290）
（90）Russel et al.（2011: 498）; Burger（2014: 490）
（91）Burger（2014）
（92）バーガーの追試験は実験過程が撮影されており、一部が編集されＡＢＣの番組として放送された（Burger 2011）。
（93）この差は統計的に優位だった（Burger 2011: 462）。
（94）Smeuler（2020: 239）

(95) May (1992)。メイの責任論はヤングに大きな影響を与えている(ヤング 二〇二二:一九四-七)。メイの議論を検討したものとして Fyfe (2020)。

(96) より正確にいえば、メイが焦点をあてているのは問題のあるバイアスが作動する見込みを高くするような態度を抱いている人の責任である(May 1992: ch.2)。本文の議論は、メイの議論を、無意識のバイアスが生じやすい状況要因を一般的に射程にいれるものに拡張している。

(97) メイは、たとえ問題のあるバイアスが作動しやすい状況を作り出すことに因果的には加担しておらず、ただそうした状況が存在することを不注意にも傍観していた人であっても、責任の一部を負うべきだとまで主張している(May 1992: 46f.)。

(98) メイの責任論は次の二つの哲学的前提に立脚している。(1)世界の出来事についての非個人主義的な想定。「わたしたちの人生は相互にむすびつきかつ相互に依存している」(May 1992: 105, cf. 170)。(2)行為主体性についての非個人主義的な想定。責任を論じるにあたっては各人の行為主体性に注意が払われるべきであるが、「ある人の行動が他の人びとの行為ないし不作為に影響されている場合には、共有された行為主体性(shared agency)を論じることができる」(ibid.: 53)。これら二つの前提については別に詳細な検討が必要である。

(99) ヤング(二〇二二:一九六-七)

(100) 分有された責任(shared responsibility)は、この点において集団責任(collective responsibility)と区別される。行政や企業に集団責任があるとは、当の集団それ自体に責任が帰せられるという意味であり、その集団に属する人びとが個人的な責任を負うという含意はない(May 1992: 38, 106-7; ヤング 二〇二二:一九五-六)。

(101) May (1992: 114, 118); ヤング(二〇二二:二五五)

(102) ヤング(二〇二二:一九七-九)

(103) 出入国在留管理庁(二〇二一a:九四)。本稿は、職員の意識改革の問題点に焦点をあげるが、これはその他二つの改善策には問題がないということを意味しない。たとえば、医療体制に関して、医療通訳者の確保という課題があることを二節で指摘した。

（104）ウィシュマさん事件報告書以後に示されたものとして念頭に置いている文章は次のとおりである。「現行入管法上の問題点」（出入国在留管理庁 二〇二一b）、「出入国在留管理庁職員の使命と心得」（出入国在留管理庁 二〇二二a）、「改善策の取り組み状況（令和四年四月）」（出入国在留管理庁 二〇二二b）。

（105）前掲：72。引用箇所と同趣旨の指摘を報告書は繰り返し指摘している（前掲：70, 72-3, 79）。

（106）出入国在留管理庁（二〇二二a）

（107）出入国在留管理庁（二〇二二b）

（108）出入国在留管理庁（二〇二一b）。元地方入管局長のインタビューにおいても、入管法違反が犯罪であることが強調されている（坂東ほか 二〇二一：一三八）。本文で示したような入管の許可なく暮らすことと犯罪との結びつけは、今にはじまったことではなく二〇〇〇年代前半以降の入管法違反の厳罰化の流れに位置づけられる。第一章と第七章を参照。

（109）拘置所の収容者は嫌疑がかけられ保釈金を払えなかった人びとであり、判決は確定していない。それにもかかわらず、マケインさんの事件を受けて開催された対話集会において、ダーラム郡拘置所の所長は次のように発言することで、収容者と犯罪イメージとを結びつけた。収容者は「そもそもなぜ拘置所に収容されたのですか」（Medina et al. 2021: 368-9）。さらに収容者の証言の信憑性を引き下げる発言をした。「［収容者の］誰かが手紙を書いたからといって、それが真実とはかぎらない。……手紙のなかにはでっちあげられたものもある。……わたしは、拘置所のことを知っているからこそ、信じることができないのです」（ibid.: 376）。

（110）Vega（2017: 9, 13）

（111）Medina et al.（2021: 369）

（112）Hall（2010: 891）; Medina et al.（2021: 367）

（113）Medina et al.（2021:358, 369）; cf. バトラー（二〇〇七：一三一－二）

（114）Bosworth（2014: 191-2）。唇を縫う行為はオーストラリアの収容所で多くみられる抗議行動であるという。

(115) 坂東ほか(二〇二二:一四三)。
(116) 出入国在留管理庁(二〇二一b)。
(117) 本文で述べた認識的に閉じた集団の説明は、「閉鎖性 closed-mindedness」についてのメディナの議論と、「認識的バブル」についてのアンダーソンの議論を参考にした(Medina 2013: 35-6, 75; Anderson 2021: 11)。
(118) Medina (2013: 76)
(119) Medina et al. (2021: 373-7)
(120) 支援団体は、マケインさんの家族からの声明と家族写真をインターネット上に掲載している(Inside-Outside Alliance: 2016a)。
(121) Medina et al. (2021: 370)
(122) 注109を参照。
(123) 眞野(二〇二一)
(124) Medina et al. (2021: 352)
(125) ibid.: 374。ただし、収容者は、自らの置かれた状況の告発に参加しないからといって非難されることはない。この点については、構造的不正義の被害者が負う責任についてのヤングの議論を参照(ヤング二〇二二:五章、特に二五七–九頁)。
(126) 社会心理学においても、外集団の成員の個人化が繰り返されることは否定的ステレオタイプの解消に有効だと指摘されている(北村ほか二〇一八:八五–八)。
(127) 報告書では、支援者からの「申入れの内容が幹部や関係部門に共有されるよう徹底すること」が掲げられている(出入国在留管理庁二〇二一a:九六)。また、「出入国在留管理庁職員の使命と心得」では、「国内外、官民を問わず、関係者・関係機関との良好な関係の構築に努める」ことが謳われている(出入国在留管理庁二〇二二a)。
(128) 同時に、職員の心理的な負担を減らすために何ができるかも検討されなければならない。問題のある無意識のバイアスが作動しにくい状況を作り出すことと、収容施設での勤務に関わる職員の心理的負担を減らすことは、両立できるはずである。

参考文献

Anderson, Elizabeth, 2021, 'Epistemic Bubbles and Authoritarian Politics',Edenberg, E., & Hannon, M. (eds.). *Political Epistemology*. Oxford University Press.
Anderson, Elizabeth, 2012, 'Epistemic Justice as a Virtue of Social Institutions', *Social Epistemology*, 26(2), pp. 163–73.
Anderson, Elizabeth, 2010, *The Imperative of Integration*. Princeton University Press.
安藤由香里、二〇二二「ウィシュマさんの死の背景と入管収容問題」『国際法学会エキスパートコメント』No.2022-7。
アレント、ハンナ、二〇一七『エルサレムのアイヒマン――悪の陳腐さについての報告〔新版〕』大久保和郎訳、みすず書房。
アレント、ハンナ、二〇一六『責任と判断』ジェローム・コーン編、中山元訳、ちくま学芸文庫。
坂東雄介・小坂田裕子・安藤由香里、二〇二二「元東京出入国在留管理庁・福山宏氏に聞く――入管行政の現場についてのインタビュー調査」『商学討究』七二巻四号、一〇五－一八九頁。
坂東雄介・安藤由香里・小坂田裕子、二〇二〇ａ「柚之原寛史牧師に聞く――被収容者支援の実態に関するインタビュー調査」『商学討究』第七一巻二／三号、二二一－二四七頁。
坂東雄介・安藤由香里・小坂田裕子、二〇二〇ｂ「大村入国管理センターに聞く――被収容者の実態に関するインタビュー調査」『商学討究』第七一巻二／三号、二四九－二六四頁。
Bandura, Albert, 2016, *Moral Disengagement: How People Can Do Harm and Live with Themselves*. Worth Publishers.
Borrelli, Lisa Marie and Lindberg, Annika, 2018, 'The Creativity of Coping: Alternative Tales of Moral Dilemmas among Migration Control Officers', *International Journal of Migration and Border Studies*, 4(3), p. 1.
Borrelli, Lisa Marie, 2019, 'The Border Inside–Organizational Socialization of Street-Level Bureaucrats in the European

Migration Regime', *Journal of Borderlands Studies, Online*, DOI: 10.1080/08865655.2019.1676815
Bosworth, Mary, 2014, *Inside immigration detention*. Oxford University Press.
Brownstein, Michael and Saul, Jennifer, 2016, *Implicit Bias and Philosophy: Volume 2: Moral Responsibility, Structural Injustice, and Ethics*. Open University Press.
Burger, Jerry M, 2014, 'Situational Features in Milgram's Experiment That Kept His Participants Shocking', *Journal of Social Issues*, 70(3), pp. 489–500.
Burger, Jerry M, 2009, 'Replicating Milgram: Would People Still Obey Today?', *American Psychologist*, 64(1), pp. 1–11.
Burger, Jerry M., Girgis, Zackary M. and Manning, Caroline C., 2011, 'In Their Own Words: Explaining Obedience to Authority through an Examination of Participants' Comments', *Social Psychological and Personality Science*, 2(5), pp. 460–6.
バトラー、ジュディス、二〇〇七『生のあやうさ――哀悼と暴力の政治学』本橋哲也訳、以文社。
ドットソン、クリスティ、二〇二二「認識暴力を突き止め、声を封殺する実践を突き止める」木下頌子ほか訳『分析フェミニズム基本論文集』慶應義塾大学出版会。
ファノン、フランツ、一九六九「医学と植民地主義」『革命の社会学』宮ヶ谷徳三・花輪莞爾訳、みすず書房。
フリッカー、ミランダ、二〇二三『認識的不正義――権力は知ることの倫理にどのようにかかわるのか』佐藤邦正監訳、勁草書房。
Fricker, Miranda, 2017, 'Evolving Concepts of Epistemic Injustice', Kidd et al. (Eds.), *Routledge Handbook of Epistemic Injustice. Routledge*, pp. 53–60.
深谷裕・森久智江・藤岡淳子、二〇二〇「感情労働者としての刑務官」『立命館法學』二〇一九（四）：一六七六－一七〇七頁。
Fyfe, Shannon, 2020, 'Shared Responsibility and Failures to Prevent Harm', *The Routledge Handbook of Collective Responsibility*, pp. 216–27.

Hall, Alexandra, 2010, '"These People Could Be Anyone": Fear, Contempt (and Empathy) in a British Immigration Removal Centre', *Journal of Ethnic and Migration Studies*, 36(6), pp. 881–98.
ホックシールド、アーリー、二〇〇〇『管理される心――感情が商品になるとき』石川准・室伏亜紀訳、世界思想社。
Holroyd, Jules, Scaife, Robin and Stafford, Tom, 2017, 'Responsibility for Implicit Bias', *Philosophy Compass*, 12(3), pp. 1–13.
法務省入国管理局、二〇一四「東日本入国管理センターにおける被収容者死亡事案に関する報告書」、https://www.call4.jp/file/pdf/202208/0bab29905697e076cc7642bc58a6f3c0.pdf（二〇二二年九月十五日閲覧）。
Inside-Outside Alliance, 2016a, 'Inmates and Family Foil Jail's Attempted Cover-Up of Death', https://amplifyvoices.com/2016/01/22/inmates-and-family-foil-jails-attempted-cover-up-of-death/ (accessed 2022/2/11)
Inside-Outside Alliance, 2016b, 'No More Jail Deaths, No more Jail', https://amplifyvoices.com/justice-for-chuy-means-justice-for-everyone-justicia-para-chuy-significa-justicia-para-todos/ (accessed 2022/2/10)
石田柊、二〇二〇「神経科学・脳科学をめぐるELSI的視点――潜在的バイアスにかかわる道徳的諸問題に注目して」ELSI NOTE、No.6、https://elsi.osaka-u.ac.jp/research/788。
Jilke, Sebastian and Tummers, Lars, 2018, 'Which Clients Are Deserving of Help? A Theoretical Model and Experimental Test', *Journal of Public Administration Research and Theory*, 28(2), pp. 226–38.
ジョスト、ジョン・T、二〇二二『システム正当化理論』北村英哉ほか訳、ちとせプレス。
Jost, John and Hunyady, Orsolya, 2003, 'The Psychology of System Justification and the Palliative Function of Ideology', *European Review of Social Psychology*, 13(1), pp. 111–53.
Jost, John T. and Banaji, Mahzarin R., 1994, 'The Role of Stereotyping in System-justification and the Production of False Consciousness', *British Journal of Social Psychology*, 33(1), pp. 1–27.
カーネマン、ダニエル、二〇一二『ファスト&スロー（上・下）』村井章子訳、早川書房。
Kalir, Barak, 2019, 'Repressive Compassion: Deportation Caseworkers Furnishing an Emotional Comfort Zone in

Encounters with Illegalized Migrants', *Political and Legal Anthropology Review*, 42 (1), pp. 68–84.
Kidd, I. James, Medina, J., & Pohlhaus, G.（Eds.), 2017, *The Routledge Handbook of Epistemic Injustice*. Routledge.
Kidd, I. A. N. James and Carel, Havi, 2017, 'Epistemic Injustice and Illness', *Journal of Applied Philosophy*, 34 (2), pp. 172–90.
北村英哉・唐沢穣編、二〇一八『偏見や差別はなぜ起こる?——心理メカニズムの解明と現象の分析』ちとせプレス。
Levy, Neil, 2014, 'Consciousness, Implicit Attitudes and Moral Responsibility', *Nous*, 48 (1), pp. 21–40.
マン、ケイト、二〇一九『ひれふせ、女たち——ミソジニーの論理』小川芳範訳、慶應義塾大学出版会。
眞野明美、二〇二二『ウィシュマさんを知っていますか?——名古屋入管収容場から届いた手紙』風媒社。
ミルグラム、スタンリー、二〇一二『服従の心理』山形浩生訳、河出書房新社。
May, Larry, 1992, *Sharing Responsibility*. Chicago University Press.
Medina, José, 2013, *The Epistemology of Resistance*. Oxford University Press.
Medina, José and Whit, Matt S., 2021, 'Epistemic Activism and the Politics of Credibility: Testimonial Injustice Inside/Outside a North Carolina Jail José Medina and Matt S. Whitt Chapter For', in H. Grasswick and N. McHugh（eds.), *Making the Case: Feminist and Critical Race Theorists Investigate Case Studies*. pp. 351–88.
Maynard-Moody, Steven and Musheno, Michael, 2003, *Cops, Teachers, Counselors: Stories from the Front Lines of Public Service*. University of Michigan Press.
毎日新聞「入管女性死亡でビデオ映像開示　遺族「動物のように扱われていた」」、二〇二一年八月一二日配信記事、https://mainichi.jp/articles/20210812/k00/00m/040/307000c（二〇二二年九月二一日閲覧）。
野口雅弘、二〇一八『忖度と官僚制の政治学』青土社。
大塚実、二〇二〇「刑事施設職員に対する団結権否認を問う —— ＩＬＯ87号条約（結社の自由及び団結権の保護）の適用に関わって」『季刊労働法』二六九：八九－一〇六頁。
Phillips, Jake, Westaby, C, Fowler, Andrew and Waters, Jaime（eds.), 2021, *Emotional Labour in Criminal Justice and*

Criminology. Routledge.
Pitts, Andrea J, 2018, 'Examining Carceral Medicine through Critical Phenomenology', *International Journal of Feminist Approaches to Bioethics*, 11(2), pp. 14–35.
Puthoopparambil, Soorej J., Ahlberg, Beth M. and Bjerneld, Magdalena, 2015, "It Is a Thin Line to Walk on": Challenges of Staff Working at Swedish Immigration Detention Centres', *International Journal of Qualitative Studies on Health and Well-Being*
リプスキー、マイケル、一九八六『行政サービスのディレンマ――ストリート・レベルの官僚制』田尾雅夫・北王路信郷訳、木鐸社。
Russell, Nestar and Gregory, Robert, 2011, 'Spinning an Organizational "Web of Obligation"? Moral Choice in Stanley Milgram's "Obedience" Experiments', *American Review of Public Administration*, 41(5), pp. 495–518.
佐藤邦正、二〇一九「解釈的不正義と行為者性――ミランダ・フリッカーによる解釈的不正義の検討を中心に」『倫理学年報第』六八：二四七‐二六一頁。
出入国在留管理庁、二〇一九「大村入国管理センター被収容者死亡事案に関する調査報告書」、https://www.moj.go.jp/isa/publications/press/nyuukokukanri09_00050.html（二〇二二年九月一五日閲覧）。
出入国在留管理庁、二〇二一ａ「令和三年三月六日の名古屋出入国在留管理局被収容者死亡事案に関する調査報告書」、https://www.moj.go.jp/isa/publications/press/01_00156.html（二〇二二年一月九日閲覧）。
出入国在留管理庁、二〇二一ｂ「現行入管法上の問題点」、https://www.moj.go.jp/isa/publications/materials/05_00016.html（二〇二二年九月一三日閲覧）。
出入国在留管理庁、二〇二二ａ「出入国在留管理庁職員の使命と心得」、https://www.moj.go.jp/isa/publications/materials/05_00016.html（二〇二二年九月一三日閲覧）。
出入国在留管理庁、二〇二二ｂ「改善策の取り組み状況（令和四年四月）」、https://www.moj.go.jp/isa/publications/materials/05_00016.html（二〇二二年九月一三日閲覧）。
出入国在留管理官署の収容施設における医療体制の強化に関する有識者会議、二〇二二、「報告書『入管収容施設における医療体制の強化に関する提言』」、https://www.moj.go.jp/isa/publications/press/30_00052.html（二〇二二年三月二二日閲覧）。
Smeulers, Alette, 2020, 'Milgram Revisited: Can We Still Use Milgram's "Obedience to Authority" Experiments to Explain Mass Atrocities after the Opening of the Archives? Review Essay', *Journal of Perpetrator Research*, 3 (1), p. 216-244.
シュタングネト、ベッティーナ、二〇二一『エルサレム〈以前〉のアイヒマン』香月恵里訳、みすず書房。
START、二〇二一「スリランカ人女性との面会記録（最新版）」https://start-support.amebaownd.com/posts/19201501/（二〇二二年二月一四日閲覧）。
東京弁護士会外国人の権利に関する委員会、二〇二一、「入管収容問題に関する年表」https://www.toben.or.jp/know/iinkai/foreigner/news/post_17.html（二〇二二年一月一七日閲覧）。
塚田恭子、二〇二二「元入管職員の弁護士が語る「入管職員の人権意識」、なぜ消えて失せてしまうのか」弁護士ドットコム、https://www.bengo4.com/c_16/n_14405/（二〇二二年四月二六日閲覧）。
Vega, Irene I, 2017, 'Empathy, Morality, and Criminality: The Legitimation Narratives of U.S. Border Patrol Agents', *Journal of Ethnic and Migration Studies*, 44 (15), pp. 2544–61.
Walsh, Elizabeth and Freshwater, Dawn, 2009, 'The Mental Well-Being of Prison Nurses in England and Wales', *Journal of Research in Nursing*, 14 (6), pp. 553–64.
Wettergren, Åsa, 2010, 'Managing Unlawful Feelings: The Emotional Regime of the Swedish Migration Board', *International Journal of Work Organisation and Emotion*, 3 (4), pp. 400–19.
ウェーバー、マックス、一九八七『官僚制』、阿閉吉男・脇主平訳、恒星社厚生閣。
Willen, Sarah S, 2012, 'Migration, "Illegality," and Health: Mapping Embodied Vulnerability and Debating Health-Related Deservingness', *Social Science and Medicine*, 74 (6), pp. 805–11.
山本準・岡島典子、二〇一九「我が国における感情労働研究と課題――CiNii 登録文献の分析をもとに」『鳴門教育大学研究紀要』第三四巻、二三七‐五一頁。
ヤング、アイリス・マリオン、二〇二〇『正義と政治の政治』飯田文雄ほか訳、法政大学出版局。

ヤング、アイリス・マリオン、二〇二二『正義への責任』岡野八代ほか訳、岩波現代文庫。
Zheng, Robin, 2016, 'Attributability, Accountability, and Implicit Bias', Brownstein et al.（eds.）, *Implicit Bias and Philosophy: Volume 2*, pp. 62–89.
Zheng, Robin, 2018 , 'What Is My Role in Changing the System ? A New Model of Responsibility for Structural Injustice', *Ethical Theory and Moral Practice*, 21, pp. 869–85.

【謝辞】本論文はJSPS科研費（19K12937）、（22K12957）の助成を受けたものです。草稿段階において、本書の共著者および林嶺那氏から多くの知見を得ることができました。また、国際政治学会国際交流分科会定例研究会、中野裕二氏代表科研（19KK0046）研究会、入管・収容・送還問題研究会、オンライン政治理論研究会、グローバルガバナンス学会にて発表した際に、それぞれの参加者の方々から多くの有益なコメントをいただきました。すべての方の名前を挙げることはできませんが感謝します。

人文書院
刊行案内

2024,8

鴨川鼠（深川鼠）色

ザッハー＝マゾッホ集成全三巻

ザッハー＝マゾッホ 著
平野嘉彦／中澤英雄／西成彦 訳

各巻¥11000

◎内容見本進呈
お問い合わせフォームにて送り先をお知らせください。お一人様1部までお送りします。

Ⅰエロス

習俗を巧みに取り込んだストーリーテラーとしてのマゾッホの筆がさえる。本邦初訳の完全版「毛皮のヴィーナス」、「コロメアのドンジュアン」ほか全4作品を収録。

Ⅱフォークロア

ドイツ人、ポーランド人、ルーシ人、ユダヤ人が混在する土地。民族間の貧富の格差をめぐる対立。複数の言語、ガリツィアの雄大な自然描写、風土、民族、習俗、信仰を豊かに伝えるフォークロア的作品。「ハイダマク」ほか全4作品を収録。

Ⅲカルト

あるいは「草原のメシアニズム」、あるいは「農本共産主義」（ドゥルーズ）を具現する、ロシア正教の異端宗派、ユダヤ教の二つの宗派など、さまざまなカルトが蟠居する東欧のスラヴ世界。マゾッホの宗教観を如実に語る「漂泊者」ほか、5編の小説および2編の論考を収録。

※写真はイメージです

詳しい内容や収録作品等の情報は以下のQRコードからどうぞ！

■小社に直接ご注文下さる場合は、小社ホームページのカート機能にて直接注文が可能です。カート機能を使用した注文の仕方は**右のQRコード**から。

■表示は税込み価格です。

人文書院
〒612-8447 京都市伏見区竹田西内畑町 9
TEL075-603-1344／FAX075-603-1814
編集部 Twitter（X）:@jimbunshoin
営業部 Twitter（X）:@jimbunshoin_s
mail:jmsb@jimbunshoin.co.jp

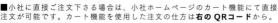

新刊一覧

セクシュアリティの性売買

キャスリン・バリー 著
井上太一 訳

搾取と暴力にまみれた性売買の実態を国際規模の調査で明らかにし、その背後にあるメカニズムを父権的権力の問題として理論的に抉り出した、ラディカル・フェミニズムの名著。

¥5500

人種の母胎

性と植民地問題からみるフランスにおけるナシオンの系譜

エルザ・ドルラン 著
ファヨル入江容子 訳

性的差異の概念化が、いかにして植民地における人種化の理論的な鋳型となり、支配を継続させる根本原理へと変貌をしたのか、その歴史を鋭く抉り出す。

¥5500

戦後期渡米芸能人のメディア史

ナンシー梅木とその時代

大場吾郎 著

日本とアメリカにおいて音楽、映画、舞台、テレビなど活躍し、日本人女優で初のアカデミー受賞者となったナンシー梅木の知られざる生涯を初めて丹念に描き出す労作。

¥5280

翻訳とパラテクスト

ユングマン、アイスネル、クンデラ

阿部賢一 著

文化資本が異なる言語間の翻訳をめぐる葛藤とは？　ボヘミアにおける文芸翻訳の様相を翻訳研究の観点から明らかにする。

¥4950

マリア＝テレジア 上・下

「国母」の素顔

B・シュトルベルク＝リーリンガー 著　山下泰生／伊藤惟／根本峻瑠 訳

「ハプスブルクの女帝」として、フェミニズム研究の範疇からも除外されていたマリア＝テレジア、その知られざる実像を解き明かす、第一人者による圧巻の評伝。

各¥8250

戦後期渡米芸能人のメディア史

ナンシー梅木とその時代

大場吾郎 著

日本とアメリカにおいて音楽、映画、舞台、テレビなど活躍し、日本人女優で初のアカデミー受賞者となったナンシー梅木の知られざる生涯を初めて丹念に描き出す労作。

¥5280

読書装置と知のメディア史

近代の書物をめぐる実践

新藤雄介 著

書物をめぐる様々な行為と、これまで周縁化されてきた読書装置との関係を分析し、書物と人々の歴史に新たな視座を与える力作。

¥4950

ゾンビの美学

植民地主義・ジェンダー・ポストヒューマン

福田安佐子 著

ゾンビの歴史を通覧し、おもに植民地主義、ジェンダー、ポストヒューマニズムの視点から重要作に映るものを仔細に分析する力作。

¥4950

新刊一覧

イスラーム・デジタル人文学
須永恵美子 編著
熊倉和歌子 編著

デジタル化により、新たな局面を迎えるイスラーム社会。イスラーム研究をデジタル人文学で捉え直す、気鋭研究者らによる最新の成果。

¥3520

ディスレクシア
マーガレット・J・スノウリング 著
関あゆみ 監訳
屋代通子 訳

ディスレクシア（発達性読み書き障害）に関わる生物学的、認知的、環境的要因とは何か？ ディスレクシアを正しく理解し、改善するための効果的な支援への出発点を示す。

¥2860

シェリング以後の自然哲学
イアン・ハミルトン・グラント 著
浅沼光樹 訳

シェリングを現代哲学の最前線に呼び込み、時に大胆に時に繊細に対決させ、革新的な読解へと導く。カント主義批判により思弁的実在論の始原ともなった重要作。

¥6600

一つの惑星、多数の世界
ドイツ観念論についての試論
ディペシュ・チャクラバルティ 著
篠原雅武 訳

人文科学研究の立場から人新世の議論を牽引する著者が、ラトゥール、ハラウェイ、デ・カストロなどとの対話的関係のなかで示す、新たな思想の結晶。

¥2970

近代日本の身体統制
宝塚歌劇・東宝レヴュー・ヌード
垣沼絢子 著

戦前から戦後にかけて西洋近代社会、民主主義国家の象徴とみなされた宝塚・東宝レヴューを概観し、西洋近代化する日本社会の身体感覚の変貌に迫る。

¥4950

福澤諭吉
幻の国・日本の創生
池田浩士 著

福澤諭吉の思想と実践――それは、社会と人間をどこへ導いたか？ 福澤諭吉のじかの言葉に向き合うことで、その思想と実践をあらたに問い直し、功罪を問う。

¥5060

反ユダヤ主義と「過去の克服」
戦後ドイツ国民はユダヤ人とどう向き合ったのか
高橋秀寿 著

反ユダヤ主義とホロコーストの歴史的変遷を辿りながら、戦後、ドイツ人が「ユダヤ人」の存在を通してどのように「国民」を形成したのかを叙述する画期作。

¥4950

宇宙の途上で出会う
量子物理学からみる物質と意味のもつれ
カレン・バラッド 著
水田博子／南菜緒子／南晃 訳

哲学、科学論にとどまらず社会理論にも重要な示唆をもたらす21世紀の思想にその名を刻むニュー・マテリアリズムの金字塔的大著。

¥9900

今回のイチオシ本

思想としてのミュージアム

増補新装版

博物館や美術館は、社会に対してメッセージを発信し、同時に社会から読み解かれる、動的なメディアである。日本における新しいミュゼオロジーの展開を告げた画期作。旧版から十年、植民地主義の批判にさらされる現代のミュージアムについて、論じる新章を追加。

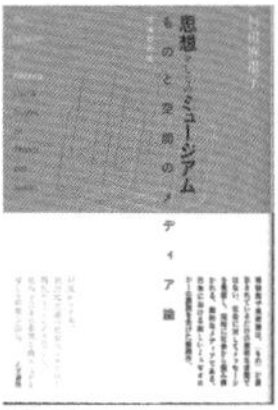

村田麻里子著
¥4180

復刊 呪われたナターシャ

現代ロシアにおける呪術の民族誌

三代にわたる「呪い」に苦しむナターシャというひとりの女性の語りを出発点とし、呪術など信じていなかった人びと—研究者をふくむ—が呪術を信じるようになるプロセス、およびそれに関わる社会的背景を描いた話題作、待望の復刊！

藤原潤子 著
¥3300

超越論的存在論

ドイツ観念論についての試論

存在者へとアクセスする存在論的条件の探究。「世界は存在しない」「複数の意味の場」など、その後に展開されるテーマをはらみ、ハイデガーの仔細な読解も目を引く、哲学者マルクス・ガブリエルの本格的出発点。

マルクス・ガブリエル著
中島新／中村徳仁訳
¥4950

はじまりのテレビ

戦後マスメディアの創造と知

1950～60年代、放送草創期のテレビは無限の可能性に満ちた映像表現の実験場だった。番組、産業、制度、放送学などあらゆる側面から、初期テレビが生んだ創造と知を、膨大な資料をもとに検証する。気鋭のメディア研究者が挑んだ意欲的大作。

松山秀明 著
¥5500

第5章　入管収容所での抵抗――ハンガー・ストライキ

稲葉奈々子

1　入管収容者の訴え

二〇一六年以降、入管収容所における収容が長期化し、抗議のハンガー・ストライキがたびたび起きるようになった。とくに二〇一九年六月の長崎の大村収容所でハンガー・ストライキをしていたとされる「サニーさん」と呼ばれていたナイジェリア人男性の餓死がきっかけとなり、全国の収容所で二〇〇人以上が参加するハンガー・ストライキが起きた。マスコミにも大きく報道され、長期収容の解消が政策課題となった。

本章では、収容所内でハンガー・ストライキを行った仮放免者に対するインタビュー(1)に基づき、ストライキ参加者がいかにして増え、収容所外の支援運動といかにして連携し、長期収容が社会問題化されたのかを明らかにする。統治権力によって「剝き出しの生」の状態におかれた個人（難民、収容者、受刑者など）が、主権権力に抵抗することはいかにして可能なのか、と

表２　国籍別６か月以上の長期収容者数

スリランカ	72
イラン	59
ブラジル	56
ナイジェリア	56
フィリピン	46
中国	36
パキスタン	34
ペルー	31
ミャンマー	30
ネパール	26
その他	203
合計	649

出典：出入国在留管理庁（2020）

いう問いでもある。

「不法残留者数」は、一九九三年に約二九万人で過去最高となった。その後減り続けて二〇二二年一月には約六万七〇〇〇人となっている。在留資格の期限を超えて滞在する「オーバーステイ」や、在留資格の更新ができなかったり、取り消されたりした人たちである。そのすべての人が入管施設に収容されるわけではなく、収容される前に帰国する人がほとんどである。帰国できない人が収容されているため、仮放免許可を得られなければ、収容が長期化する。

実際、二〇一九年一二月の段階で全国の九四二人の収容者のうち、六四九人（六九％）が送還を拒否している。とはいえ、長期収容者の数が増えるようになったのは二〇一六年以降のことである。一年以上収容されている人は、二〇一六年には六人だったが、二〇一七年には一六人、二〇一八年には六二人、二〇一九年には一一〇人となっている（法務省調べ）。もっとも、新型コロナウイルス感染防止対策で仮放免許可が増え、二〇二二年には一年以上収容されている人は二〇人まで減っている。

入管収容にあたって、日本政府は「全件収容主義」をとっている。しかし二〇〇七年には拷問禁止条約の委員会から期限のない収容が拷問にあたるとして勧告を受けている。また、二〇一〇年には、国連の移民にかんする特別報告者ブスタマンテも収容者の処遇を問題にしているように、[2]日本の入管収容所が非人道的な制度であることは、国際人権基準に照らして批判されてきた。ＥＵは収容期間の上限を一八か月としている。[3]たとえばフランスでは三か月、ドイツでは一八か月以上の収容は認められていない。[4]また、ドイツの二〇一八年から二一年の平均収容期間は二二・一日であり実際に一八か月収容される者はほとんどいない。それに対して、日本では、「帰国するまで」とされており、実質的に収容期間に制限がない。そのため二〇一九年六月の入国管理庁の統計では、一二四六人の収容者数のうち、六八一人は六か月以上の長期収容となっており、三年以上収容されている者は七六人もいる。二〇二二年の段階では、六か月以上の長期収容者は三三人だが、収容期間が九年九か月に及ぶ者もいる（入管庁調べ[5]）。筆者がインタビューしたなかでも、最長で七年四か月収容された人がいた。ハンガー・ストライキは、この長期収容に抗議して起きた。

2　市民社会に声を届ける手段としてのハンガー・ストライキ

歴史的には、一九世紀末の帝政ロシアに抗議した女性受刑者、イギリスの女性参政権運動の担い手「サフラジェット」、アイルランドのＩＲＡ（独立闘争のための武装組織）、ガンジー、キング牧師、マンデラなど、ハンガー・ストライキを抗議の手段とした社会運動は多くみられる。もともとは、ロシアの女性受刑者からサフラジェットに伝播し、そこからＩＲＡ、さらにガンジーに伝播したという。[6] 歴史的経緯からも明らかだが、ハンガー・ストライキは、囚人や、収容所に入っている無登録移民など、自由を奪われている人たちの運動の代表的なレパートリーのひとつである。[7]

では、なぜハンガー・ストライキという運動のレパートリーが選びとられるのか。社会運動の技法は、当該社会の支配の様式に応じたものだといわれる。[8] 入管収容所の機能のひとつは、収容者を社会から隔絶することにある。[9] たんに帰国までの収容施設というだけならば、面会や電話など外部とのコミュニケーションに制限を設ける必要はないし、収容者が所持品を外部の人に渡す「宅下げ」[10]の可否を入管が判断する理由もない。しかし実際には規則により、外部とのコミュニケーションは遮断されている。

収容者のひとり、べべは、自室の様子を描いたイラストを支援者に「宅下げ」しようとして却下された。エルネストも収容所での経験をイラストにして支援者に渡すにあたって、「あなたの問題じゃないからやめてください」と制止されている。べべ、エルネストいずれも、収容所内の問題を外部に告発しようとして阻止されている。

なぜなのか。収容所内の問題について、後述するように収容者は職員に直接訴えて解決を試みている。同時に「現場職員」が「中央政府」とつながっていることを収容者は明確に認識している。食事の改善を訴えたアーザードは、「入管というけれど、相手は国、体制なので、ただの行政機関じゃない」と、はっきり入管が国家そのものであることを指摘する。

また、中央と地方の相互依存的なネットワークの上に成立する近代国家においては、末端の公務員だけでなく、市民もまた国家を形成する一員として自己を認識する「心理的ハビトゥス」[11]が形成されていく。収容者が、ハンガー・ストライキによって現場の公務員に対して訴えることで、世論も必然的にそこに巻き込まれていく。収容者がこの相互依存の網の目に組み込まれないように、社会とのつながりを遮断するのが入管収容所の機能とされるゆえんである。

収容者の処遇は、末端の現場の職員の裁量に任された部分もあるが、その裁量も法務省が設定した枠内にある。第三章で述べたマクリーン判決からも明らかだが、外国人の人権保障は法体系のなかに事実上組み込まれていない。人の生死にかかわることであっても、行政の根本的な判断枠組みは「基本的人権が守られているか」ではなく、「在留資格上可能な措置か」である。外国人の基本的人権を無視して暴走することを行政に事実上許す法制度が、現場の職員の行動規範となっている。

一方で市民社会は、かならずしも「外国人の基本的人権は在留資格の枠内で与えられているにすぎない」という思考枠組みの制約を受けていない。むしろ、入管収容所における人権侵害に対してたびたび抗議があるように、法務省が準拠する枠組みは市民社会によってたびたび揺さぶられてきた。

外の社会とのコミュニケーションが遮断されることで、内部で起きている社会運動が市民社会に接続することは困難になる。とはいえ、収容所内であげた声を外の市民社会に届ける試みがしばしば起きている。

収容所における抗議行動は、暴動や放火などもあるが、ハンガー・ストライキは暴力的な弾圧を引き起こさずに力関係を変える手段のひとつである。[12] また、非暴力的手段であるからこそ、ストライカーは「免罪」を期待することもできるし、さらには国際的な人権擁護団体の支援を期待することもできる。[13]

ハンガー・ストライキにより、命を賭して、何に対して抗議が行われているのだろうか。収容されている無登録移民の場合、仮放免許可や収容所内での処遇の改善などの具体的な要求はもちろん掲げられている。しかしハンガー・ストライキにより命を落とす場合もあり、完全に物質的な要求に還元することはできない。

第三章で批判的に検討しているように、収容者は、主権権力によって、あらゆる権利をはく奪された「剝き出しの生」[14]の状態に置かれているかのように議論されることがある。しかし、動物としての生を生きさせられるだけの収容者が、抵抗する主体になりえるのか。収容者が、行政によって「剝き出しの生」として扱われたとしても、行政はその主体性まではく奪することはできず、抵抗の可能性が残されている[15]ことは、本稿が検討するハンガー・ストライキが市民社会を動かし、政治的影響力を行使したことからも言えるのではないだろうか。

歴史的にみても、サフラジェットのハンガー・ストライキによる抗議は、価値を貶められた生が法律の変革を呼びかける運動であったが、主権権力にダメージを与えることもできた。[16] ハンガー・ストライキは、「剝き出しの生」として存在しないための抵抗であり[17]、自己の尊厳のための闘いである。[18]

つまり、ハンガー・ストライキは、市民社会から隔絶された状況で、声を外に届けるための

「弱者の武器」[19]ともいえよう。外部とのコミュニケーションが遮断され、社会運動が生起する機会が閉ざされた状況において、機会をみずから創出するものとしてハンガー・ストライキは機能する。[20]ハンガー・ストライキは、「騒々しく、公共空間で行われる。（中略）変化を求める人々が、世界に知ってもらい、判断してもらうためのものである。世界との対話であるといえる。ハンガー・ストライキは要求であり、叫びである。叫びが無視されたら、ハンガー・ストライカーは、観客が応答し、嘆き、要求するまで、叫び、挑戦するだろう。多くの声が集結し、ハンガー・ストライキは「劇」となる」[21]。

ハンガー・ストライキに応答して外で異議申し立てを担うのは直接の支援者だけでない。近代国家は権力の中心がナショナルな水準にあり、ハンガー・ストライキに訴える人の命は、国家に掌握されている。そして、上述したように、近代国家においては、市民もまた国家を形成する一員として自己を認識する「心理的ハビトゥス」によってからめとられているため、国家の行為の結果に対する責任が市民社会にまで延長して認識され、抗議の正統性が世論に問われるようになる。[22]そうであるがゆえに、ハンガー・ストライカーを市民社会から排除することが正統化されない限りは、死にゆくストライカーを市民社会が放置することはない。

3　「剝き出しの生」となることへの抵抗

二〇〇四年、青山の国連大学前でのクルド人家族が在留資格を求めて座り込みをしたとき

表３　国籍別ハンガー・ストライキを2020年１月の段階で行っている者の数

イラン	63
スリランカ	25
トルコ	20
ブラジル	16
パキスタン	13
その他	98
合計	235

出典：出入国在留管理庁（2020）

に、みずからも無登録移民であるイラン人が連帯してハンガー・ストライキを行った。入管収容所内での出来事ではないが、これが、ニューカマー外国人が来日するようになった一九八〇年代末以降、最初にメディアで大きくとりあげられた無登録移民のハンガー・ストライキといえる。

その後、二〇一〇年三月には、長期収容や未成年者の収容、あるいは退去命令の取り消しのための訴訟中の収容や仮放免時の高額な保証金に抗議して、大阪入管で七〇人、牛久で六〇人がハンガー・ストライキを行っている。二〇一一年四月には名古屋入管で一五～二〇人、一一年八月には牛久で三〇人、二〇一八年には、インド人男性の自殺をきっかけに長期収容に抗議して牛久で七〇人がハンガー・ストライキを行い、他の収容所にも伝播した。このように、ハンガー・ストライキはたびたび起きているが、二〇一九年六月のハンガー・ストライキは、茨木、品川、牛久に伝播し、全国の入管で合計二〇〇人以上が参加し、人数は過去最大であった。

それでは、収容者は何を訴えているのだろうか。判で押したように、収容経験者は、「人間として処遇してほしい」と訴える。具体的要求としては、仮放免許可、適切な医療、食事の質の向上などがある。意外だが、諸外国の無登録移民の主要な訴えである在留資格の正規化の要求は掲げられていない。

収容者たちは、ただ生きているだけの動物としての生に縮減された「剝き出しの生」であると前述したが、「人間として処遇してほしい」という訴えは、「剝き出しの生」として扱われることへの異議申し立てである。

適切な医療サービスが受けられないことについては、二〇二一年三月に名古屋入管で亡くなったウイシュマ・サンダマリさんや、二〇一四年に牛久入管で緊急搬送してもらえず亡くなったカメルーン人男性の例など枚挙にいとまない。

収容所内で診察してもらうために数週間を要するなど、そもそも診察すらしてもらえないと、ある収容者は訴える。「施設内での診察は数週間かかるんですね。診てもらったときには症状が終わっているかもしれないし、悪化しているかもしれない。最終的に外の病院に行くかどうかを決めるのは、お医者さんが決める。決めて、そのあとまたいつになるか分からない。また順番を待たないとならないんでね。それも早くて数週間。遅くて数か月はかかったりします。そこで、何で病院に連れていかないんですかという喧嘩になる。」

外の病院での専門医による診察を希望しても、かなえられることは稀である。「症状が何であっても、同じ薬しか出さない。痛み止めと精神安定剤です。それも大量に。」このように訴える収容者は多い。その上、人間扱いしてもらえない。「牛久のお医者さんたち、九割ぐらいは、きつくて、すっごく動物扱いする人が多いね。」それだけではない。訴えている症状そのものを認めてもらえないこともあるという。「たとえば、どこか腫れているときに、物理的にそこが膨らんでいるのは間違いないからね。それでも、だいじょうぶ、というのならわかるけれど、何もない、という。でてるじゃん、これ、膨らんでいるよ、というと、ないよ、という。そこで喧嘩になる。」

医療に加えて、食事のまずさも収容者の訴えのひとつである。「食事はまず量的に少ないね。金銭的に余裕がある人たちは自分で買う。でも、長期収容になると、いくらお金があっても尽きてしまう。メニューは同じものばかり。短い期間だったらいいんだけど、長期収容だと、見るだけでもう吐きたくなるぐらい飽きてしまう。ただ白い鶏肉が何度もでてきたことがあります。鶏肉は、玉ねぎとかオニオンパウダーのような、そういう臭みをとるものと一緒に料理するものなのに、それを入れないから、すっごく臭くなるんですよ。別においしくするんじゃなくて、臭みをとるために使わなくちゃならないんで。とにかくそれで数か月改善を訴えました。最終的に変わったんですが、そのために私、懲罰房に入ったんですね。」

食事が、単に飢え死にしないための「エサ」である事実は、収容者が「剝き出しの生」として扱われていることを意味する。そのように扱われることへの抵抗としてのハンガー・ストライキなのである[23]。

そもそも収容者には抵抗のレパートリーが複数あるわけではない。異議申し立ての制度的な回路として用意されているのは、収容所内に設置された「意見箱」の利用である。マルガリータは、入管の職員に、「ボスが手紙を読むのか」と確認をとり、毎晩手紙を書いたという。それによって、「病気の人が仮放免になったし、テレビを見る時間も延びてＢＢＣのニュースをみることができるようになった」ように要求が実現することもある。マルガリータは、「日本で学んだことは、単に口で言うよりも、紙に書いたもののほうが、効果がある、ということ。全部ファイルされている」という。しかし、ジョセフは、「ファイルするだけ」なら何の意味もないと考える。ジョセフは「上司に会わせろ」と投函し続けたが、実現しないので、意味のない意見箱を壊そうとして、懲罰房行きになった。

制度的なもうひとつの回路は、収容所に法務省の視察委員会が訪問し、収容者の意見を聴取する機会にある。ただし、視察の前になると収容所内には「仮放免のことなど、個人的なことを質問してはならない」などの禁止事項が張り出されるという。ムピロは、「やっているふりの形式だけ。何も改善しないことは明らかだから、視察委員に面会に行かないように他の収容者に呼びかけた」という。

非制度的な回路としては、処遇の改善を求めての直談判も頻繁に行われる。イラン人フィルーズは、「話せばわかるはずだ」、と何度も直談判したという。食事のまずさに抗議する者が多いことは上述したが、配膳された食事を職員に対してぶちまけて怒りを表明する収容者もいるという。大声で抗議をする者もいる。しかしフィルーズは、どちらも効果がないと考える。日本語に堪能なため、職員を説得できる自信もあった。そこで、食事に不満のある収容者数人に声をかけて、職員に交渉の席を設けてもらった。冷たくて、まずくて、いつも同じものばかり出されることが不満だと告げると、それでは何を食べたいのか問われた。不意を突かれてしまい、よく考えずに「三色団子とミニ鯛焼き」と答えたところ、後日、温かい食事が数週間続き、要望した三色団子とミニ鯛焼きも、食事とともに提供されたという。

さらに強く抗議するために、「デモンストレーション」も行われる。複数の収容者が職員の詰所にでかけていって、大声で非人間的な処遇について抗議する。上述のマルガリータは、意見箱に投函して処遇の改善を求めるなど官僚機構への信頼を示すいっぽうで、叫ばないと聞いてもらえないとも思っている。そして、ハンガー・ストライキで死にかけている中国人女性を病院に連れていくように「デモンストレーション」を繰り返した。「全員を仮放免しろ、ビザをだせとデモをした。騒音をだした。収容所で亡くなったスリランカ人の男性もいた。病気だと訴えていたのに。なぜ解放しなかったんだ。なぜ殺したんだ」と叫んだという。

それでも訴えが実現しないときに行うのが、「ミーティング」である。テレビや卓球テーブルのある「レクリエーション・ルーム（多目的ホール）」を利用できる「フリータイム」が終了しても部屋に戻らずに居座るのだ。上述の中国人女性のハンガー・ストライキは四か月にわたった。この女性の仮放免を求めて、マルガリータは同じブロックの女性たちに「ミーティング」を呼びかけて、フリータイム終了後も一時間レクリエーション・ルームにとどまった。たかが一時間とはいえ、されど一時間である。「部屋に戻るように命令する入管職員に逆らってとどまり続ける一時間はとても長い」、とマルガリータは言う。

これらの抗議は、いずれも収容所内部にとどまり、外にまで波及することはない。しかし、冒頭で紹介したように二〇一九年六月のハンガー・ストライキは、全国の収容所横断的に広がり、参加者も二〇〇人を超えた。「サニーさん」の餓死事件とあわせて、主要なメディアは大きくとりあげ、長期収容が社会問題化されるきっかけをつくった。

4　ハンガー・ストライキによる抵抗

収容者によると、入管施設内でのいかなる抗議行動も「懲罰房」に入れられる理由になるという。「懲罰房」とは、公的には「保護房」だが、入管職員が「懲罰」という言葉を使っているため、収容者も「懲罰房」と呼んでいる。マーガレットは「デモ」を行って、レクリエーション室の利用時間延長には成功したが、七か月「懲罰房」に入れられた。マーガレットは、この七か月間は、他の収容者と接触しないように、レクリエーション室やシャワー室の利用時間をずらされ、「もう問題を起こしません」と同意して、普通の部屋に戻った。

マルガリータの例が示すように、あらゆる抗議行動は「懲罰」の対象となる。ハムザも、どんなに静かな口頭での要請も懲罰の理由とされた、と述べている。ハムザによれば、ハンガー・ストライキは、「食べない」つまり、何もしていないので、「行動」とはいえず、それ自体を罰することはできないのだという。

二〇一九年六月、牛久入管収容所のイラン人バーバクは、「サニーさん」の死に抗議して、ハンガー・ストライキを開始した。数人がそれに呼応した。上述のハムザもその一人であった。しかし、同時期に収容されていたイラン人フィルーズによると、他の収容者にすぐに伝播したわけではないという。バーバクは、ハンガー・ストライキゆえに体調が悪化し、仮放免になった。しかし、たった二週間の仮放免許可であった。バーバクが二週間で収容所に戻ってきた後に、ハンガー・ストライキに参加する収容者が急増したという。たった二週間しか仮放免されなかったことへの抗議と、ハンガー・ストライキをすれば仮放免されるという両方の理由だとフィルーズはいう。最終的には約二〇〇人が参加する大規模な集合的ハンガー・ストライキに発展した。

ただしフィルーズによると、ハンガー・ストライキをすれば仮放免許可が出るから、という実利的な理由だけで、多くの人が参加したわけではない。多くの収容者にとって、たったひとりで亡くなっていった「サニーさん」の死は他人事とは思えなかった。本名すら公表されず、他の収容者から隔離されて、どのようにして亡くなったかも分からないないことは、存在を消されるかのようで、激しく胸を突かれたという。無登録移民として、「日本にいないはずの人」として扱われ、そのまま「なかったこと」とされるように感じられたという。実際、入管収容所内で亡くなった人たちが、それぞれ顔があり、生きた証のある存在として、名前とともに公表されることはめったにない。

このときのハンガー・ストライキは、「サニーさん」の死が引き金となったことは確かだが、実はハンガー・ストライキそのものは、それ以前の二〇一六年ぐらいから呼びかけられていた。

二〇一六年に収容されたとき、マルガリータは、フリータイム中の運動場で、男性収容者からハンガー・ストライキを予告された。女性はどうするかときかれたが、「私は、彼女たちが死ぬのがいやだから」、ハンガー・ストライキはしないと答えた。二〇一六年は長期収容者の数が増えはじめた時期である。

図6　6か月以上収容されている人の人数（出入国在留管理庁）

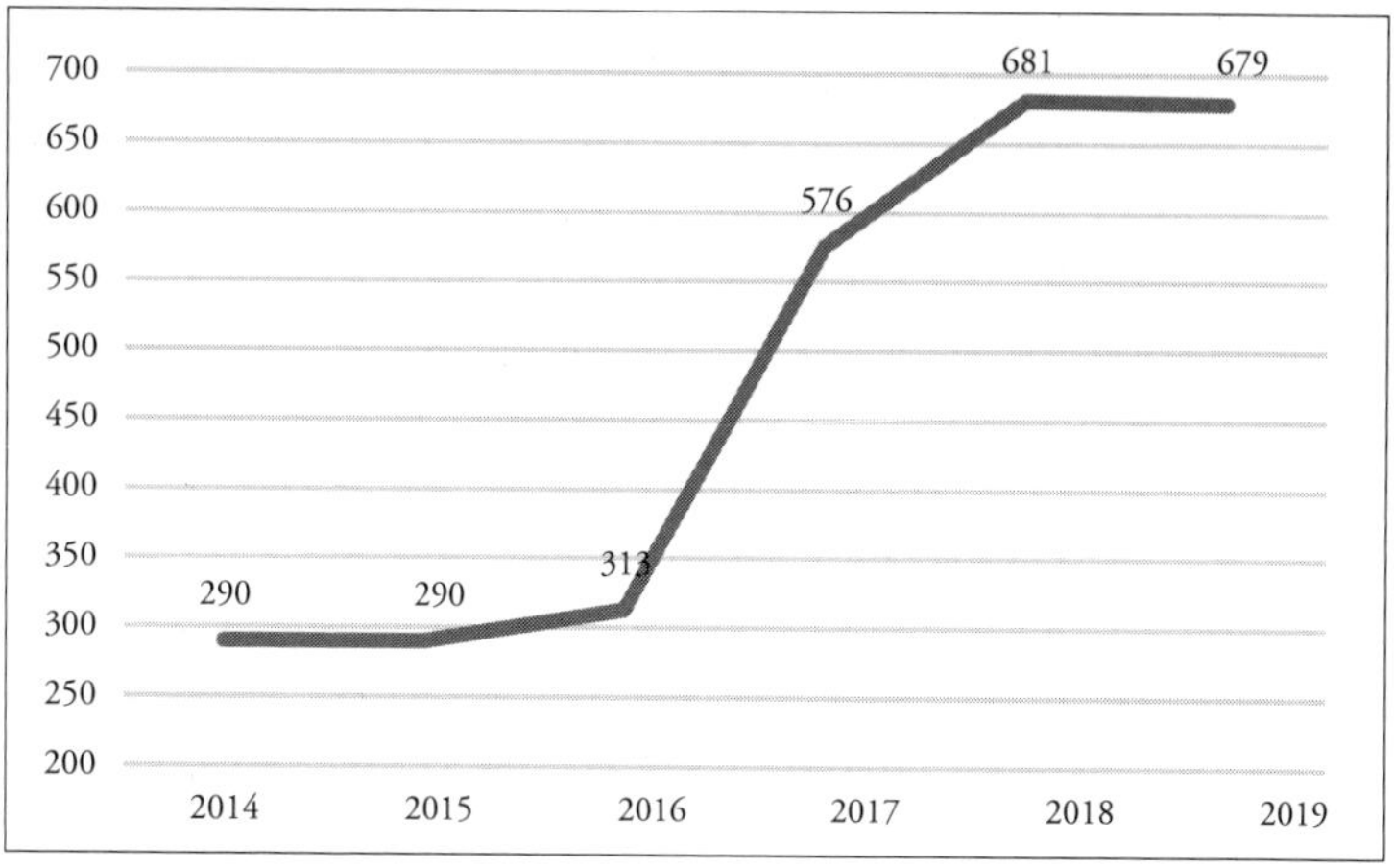

マルガリータは、ひとりでハンガー・ストライキを続ける女性に、「あなたが死んでも誰も気にもかけないのだから、ハンガー・ストライキをやめなさい」と説得するという。ひとりでやっても効果がないと考える点で、アーザードとマルガリータは一致している。しかしアーザードは、だから「集団でやらなくてはならない」と発想する。ハンガー・ストライキによって声を外に届けるためには、「ひとりでひっそりハンガー・ストライキをやってもダメだ」と。

「フリータイム」中、収容者はレクリエーション室や運動場で交流できる。また、異なるブロックの収容者に手紙を送ることもできる。アーザードは二〇一六年には、異なるブロックの収容者にも手紙でハンガー・ストライキを呼びかけたという。しかし、二〇一六年の時点では、集合的なハンガー・ストライキにつながることはなかった。

二〇一六年頃、入管職員は、「オリンピックが終わるまで仮放免許可はでない」と、たびたび収容者に告げていた。二〇一六年五月に品川入管で三回目の収容となったハムザは、「そのときからオリンピックあるからでられない、という話がでた」という。いつ出られるのか入管職員にきいたところ、「オリンピックが終わるまで。終わって三か月たったらでられる、といわれた」。「オリンピックまでは時間は長い。五〜六年」もあるため、ハムザは絶望的になった。実際、ハムザは新型コロナウイルス感染症対策で仮放免になるまで四年間収容された。

入管が二〇一六年に出した内部通達文書には、「東京オリンピック・パラリンピック競技大会の年までに安全安心な社会の実現を図るため、送還を忌避する外国人など、我が国・社会に不安を与える外国人を大幅に縮減することは喫緊の課題」とされている[24]。事実二〇一六年以降、収容は長期化している。アーザードは、当時の状況を「何も動かなかったんですよ。私たちは放置されていた。時間だって動いていないみたいかんじだったんです」と振り返る。

ハムザのように絶望する者もいれば、アーザードは、オリンピックのために世界が日本に関心を持っているときに、ハンガー・ストライキで入管の非人道的な実態を世界に訴えれば、「大きな騒ぎになるんで、注目を集められるし、私たちの状況を知ってもらえることになるし、日本政府もそれを収めるために、何らかの緊急措置をとるだろうから、とにかく物事が動く」と考えた。そこで上述のように呼びかけ、実際、二〇一八年にはハンガー・ストライキが起きている。

しかし二〇一九年に大規模なハンガー・ストライキが起きたのは、そうした戦略的な呼びかかけに応じたものではなかった。大村収容所の「サニーさん」のハンガー・ストライキの結果の死が直接のきっかけだった。

そしてアーザードは、長期収容さえなければハンガー・ストライキは起きなかったと断言する。二〇一七年頃までは六～七か月で仮放免になったが、その後は一年どころか、二年、三年たっても仮放免許可がでない状況に絶望的になっていったという。アーザードは、半年ぐらいで仮放免になるのならば、食事のまずさについても、文句はでなかっただろうと述べる。先の見えない「絶望と怒り」ゆえに、ハンガー・ストライキを決意したという。そうしたところに、サニーさんの死がきっかけとなって大規模なハンガー・ストライキが起きた。

サニーさんの死は、報道によって牛久、品川、茨木、名古屋にも伝わった。同じときに大村収容所にいたパキスタン人のユースフも、「サニーさん」とは面識があったが、ブロックが違うため、餓死を知ったのは報道によってだった。

6　市民社会への伝播

それでは、市民社会にはどのようにして伝わったのか。関東地方だけでも、牛久入管収容所問題を考える会、ＢＯＮＤ、ＳＹＩ（収容者友人一同）、ＰＲＡＪ（仮放免者の会）、#FREEUSHIKUなど、入管に収容されている外国人の面会活動を行う団体が複数ある。定期的に面会に訪れるジャーナリストも複数いる。ある主要な全国メディアの記者にとって、収容所

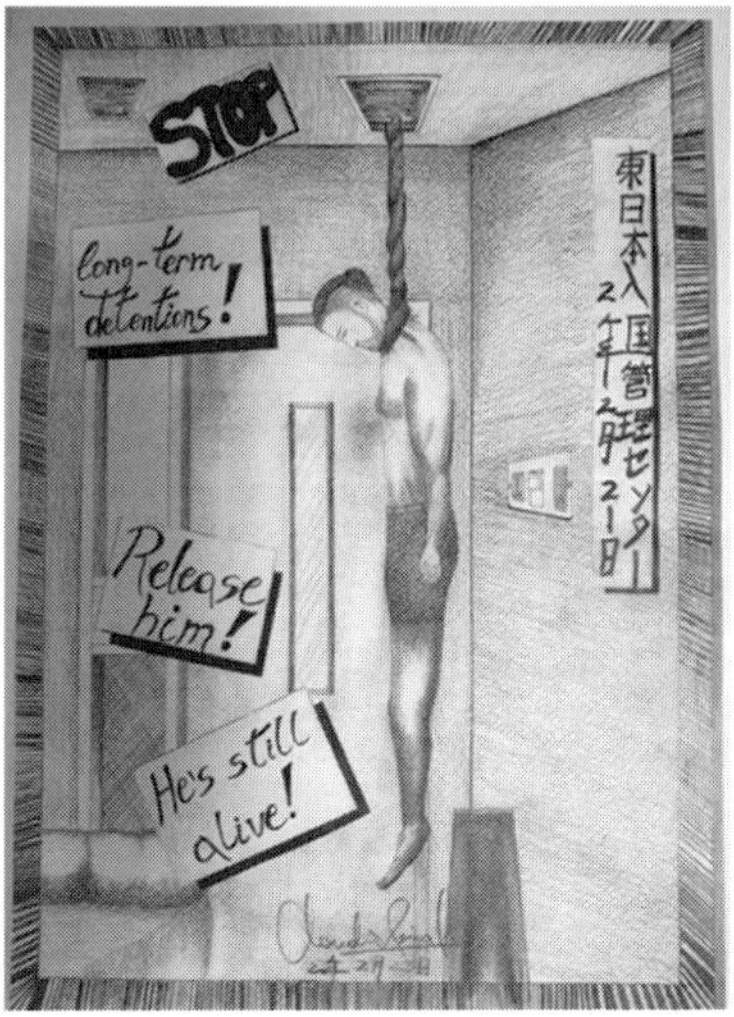

図７　クラウディオ・ペニャ作
（同じときに収容されていた友人の自殺未遂を絵にした）

のなかで起きたことを伝えてくれる「重要な情報源」は、日本語の読み書きが堪能なフィルーズだったという。

　クラウディオもまた、収容所内で起きていることをイラストにして、支援者を介して外に発信し続けていた。このように面会は、収容者を市民社会から隔絶しようとする入管制度において、両者のコンタクト・ゾーンとなった。収容者は、収容所にいながら発信することで、市民社会に包摂されていった。市民社会のメンバーもまた、収容所の外の社会では見えない風景を、収容者が介在することで目の当たりにする。

　収容所のなかにいる外国人だけではない。マルガリータは二〇年近く、オーバーステイで生活していたときには想像もできなかったが、二〇一七年までに合計二年収容されたことで、「外にいたら知らないこと」を知ったという。自殺やハンガー・ストライキなど、収容所内で起きている問題を知り、二〇一二年に仮放免になってからは面会活動を週に三回行っている。毎日のように面会を求めて収容者から電話がかかってくるという。マルガリータもまた、収容所内で起きていることを、支援団体やジャーナリストに伝えて可視化する役割を果たしている。

二〇一九年には、ハンガー・ストライキによって長期収容はすでに重大な人権侵害の問題として認知されており、フィルーズやカオル、ハムザは、二週間の仮放免中に国会議員の石川大我（立憲民主）など支援者と面談して問題を訴えたり、記者会見を行ったりなどしている。

「サニーさん」の死以降、国会で長期収容の問題が取り上げられるようになっていった。ハンストや餓死についての質問は複数回にわたって、初鹿明博（立憲民主）、福島瑞穂（社民）、打越さく良（立憲民主）、石橋通宏（立憲民主）、高木錬太郎（立憲民主）などによって行われた。

その結果、法務大臣の私的懇談会「出入国管理政策懇談会」の第七次にあたる専門部会では一回目の二〇一九年一〇月以降、大村収容所での餓死事件にはじまり長期収容問題について議論が続けられ、二〇二〇年六月には提言がまとめられた。それをもとに、出入国在留管理庁が入管法の改定案を作成し、二〇二一年二月一九日にはその法案が閣議決定され、国会審議入りとなった。この入管法改定に反対する運動の結果、二〇二一年五月には法案が撤回された。

「入管法改悪反対」運動の成功の要因については詳細な検討が必要だが、社会から隔絶された収容施設の内側から異議申し立ての声をあげることで、支援者との社会関係が構築され、収容されていながらも市民社会に包摂されていったことが、運動の拡大に寄与したことは確かであろう。

7　大臣による「ストリートレベルの官僚制」――これは法治国家なのか……

本稿で検討したように、無登録移民の収容所内でのハンガー・ストライキをはじめとした抵抗は、収容所内での処遇の若干の改善をもたらした。原則として、公的な制度における個人の処遇は法律で定められているはずである。それでも、実際の現場では、公務員との交渉次第で運用が変わることはある。「ストリートレベルの官僚制」[25]と呼ばれるように、公務員の裁量による柔軟な処遇は日常的に行われているからだ。

入管収容所の場合、誰をいつ、どのぐらいの期間収容するかを含めて、処遇のほぼすべてがストリートレベルの官僚制で運用されている。問題は、それが入管収容所の現場職員の裁量のみによらない点である。難民条約や拷問禁止条約、自由権規約など、外国人を例外としない国際条約を日本政府は批准しているにもかかわらず、官僚は、「在留外国人をどのように処遇するかについては、特別の条約または国際約束が存在しない限り、政治的判断により決定できる裁量権が認められている」[26]と、ハンプティ・ダンプティ[27]さながらである。現場職員から官僚にいたるまで、外国人の人権保障は、行政の裁量に委ねられているのである。

とはいえ、本稿がみてきたように、交渉すれば一回限りとはいえ、三色団子とミニ鯛焼きが食事で提供されたり、仮放免許可が得られることもあるように、すべてが裁量ゆえに、運用はその場の力関係で変わりうる。

そしてハンガー・ストライキによる収容所内の抵抗にはじまり、市民も加勢し、二〇二一年の入管法改定案が撤回されたように、無登録移民とかれらの側に立つ市民が、力関係において政府を凌駕することがある。もちろん、力関係に左右されず、法律により無登録移民の人権が保障されなくてはならないのは言うまでもない。

注

（1）本稿は、二〇二〇年八月から現在も継続して、筆者が無登録移民に対して実施しているインタビューに基づく。本稿に登場する無登録移民はすべて仮名である。（本人の希望により一部のみ実名を用いた。）

（2）国連移民の人権に関する特別報告者 Jorge Bustamante 報告書（A/HRC/11/7), 14 May 2009, Promotion and Protection of All Human Rights, Civil, Political, Economic, Social, Cultural Rights, including the Right to Development.

（3）欧州議会ＨＰより（https://assembly.coe.int/nw/xml/XRef/Xref-XML2HTML-en.asp?fileid=17813&lang=en）

（4）ＡＩＤＡ＝難民・亡命者にかんする欧州評議会のデータベースより（https://asylumineurope.org/reports/）

（5）特定非営利法人「移住者と連帯する全国ネットワーク」が関係省庁に対して実施した資料請求に対する入管庁の回答による。

（6）Armbruster-Sandoval（2017: 9-17）

（7）無登録移民の社会運動については、欧米を中心に多数の先行研究が存在するが（Siméant 2009; Fiske 2016; Siméant & Traïni 2016; Rosenberger et al. 2018; Steinhilper 2021）、欧米では、収容所の外での社会運動についての研究のほうが多い。そうしたなかで、Fiske（2016）は、オーストラリアの無登録移民の収容所内でのハンガー・ストライキについて扱う数少ない研究である。

（8）Tilly（1978）

（9）Fiske（2016）
（10）「宅下げ」は刑務所・拘置所用語だが、入管施設でも同じ用語が使用されており、本稿では、インタビューに答えてくれた元収容者が用いた用語をそのまま使った。入管に収容されている外国人は「受刑者」ではないにもかかわらず、手錠や腰縄の使用など、しばしば同様の扱いをされている。
（11）置かれた社会構造のなかで、個人のなかに無意識のうちに形成されていく行動・思考・知覚を方向付ける性向のこと（Siméant & Traïni 2016）。
（12）Siméant & Traïni（2016:49）
（13）Siméant & Traïni（2016:49）
（14）アガンベン（二〇〇七）
（15）Bargu（2014）
（16）Ziarek（2008）
（17）Baily（2009）
（18）Armbruster-Sandoval（2017）
（19）Scott（1985）
（20）Armbruster-Sandoval（2017）
（21）Russel（2005）
（22）Siméant & Traïni（2016）
（23）抵抗の他の形態としては、出された食事をビニール袋に入れて、香辛料や調味料で味をつけて、各部屋に置かれた電気ポットで温めて「調理」するなど、食事をめぐる「創意工夫」など、多くの元収容者が語ってくれた。
（24）法務省管警第五六号、平成二八年四月七日法務省入国管理局「安全・安心な社会の実現のための取組について（通知）」
（25）リプスキー（一九九八）の「ストリートレベルの官僚制」は、公的サービスを提供する現場の公務員が利用者に対して行使する裁量について論じるもので、官僚レベルの裁量は想定していない。

（26）『Mネット』二〇二三年二月二二六号一〇頁、「省庁交渉：貧困・コロナ対策」

（27）イギリスの童謡、マザー・グースに登場する「ハンプティ・ダンプティ」は、ルイス・キャロルの『鏡の国のアリス』のなかで、いかなる言葉の意味でも、自分の思い通りの解釈になることを主張する。このことから、行政の自由裁量のアナロジーとして、しばしば批判的に用いられる（Redish & Arnould 2012）。

参考文献

アガンベン、ジョルジョ、二〇〇七、高桑和巳訳『ホモ・サケル——主権権力と剝き出しの生』以文社。

Anderson, Bridget, Matthew J. Gibney & Emanuela Paoletti, 2011, “Citizenship, deportation and the boundaries of belonging”, *Citizenship Studies*, 15:5, pp. 547-563.

Armbruster-Sandoval, Ralph, 2017, *Starving for Justice: Hunger Strikes, Spectacular Speech, and the Struggle for Dignity*, The University of Arizona Press.

Bargu, Banu, 2014, *Starve and Immolate: The Politics of Human Weapons*, Columbia University Press.

Bailey, Richard, 2009, “Up Against the Wall: Bare Life and Resistance in Australian Immigration Detention”, *Law Critique*, 20:113–132.

Bosworth, Mary, 2011, “Deportation, Detention and Foreign-national Prisoners in England and Wales”, *Citizenship Studies*, 15:5, pp. 583-595.

Chimienti, Milena, 2011, “Mobilization of Irregular Migrants in Europe: A Comparative Analysis”, *Ethnic and Racial Studies*, 34:8, pp.1338-1356.

Edkins, Jenny & Véronique Pin-Fat, 2005, “Through the Wire: Relations of Power and Relations of Violence”, *Millennium: Journal of International Studies*, Vol.34 No.1, pp.1-24

Fiske, Lucy, 2016, *Human Rights, Refugee Protest and Immigration Detention*, Palgrave Macmillan.

Freedman, Jane, 2011, "The Réseau Education Sans Frontières: Reframing the Campaign against the Deportation of Migrants", *Citizenship Studies*, 15:5, pp. 613-626.

Grant, Kevin, 2011, "British Suffragettes and the Russian Method of Hunger Strike", *Comparative Studies in Society and History*, 53:1, pp.113-143.

Gray, Benjamin, 2011, "From Exile of Citizens to Deportation of Non-citizens: Ancient Greece as a Mirror to Illuminate a Modern Transition", *Citizenship Studies*, 15:5, 565-582

リプスキー、マイケル、一九九八、田尾雅夫訳『行政サービスのディレンマ――ストリート・レベルの官僚制』木鐸社。

McGregor, JoAnn, 2011, "Contestations and Consequences of Deportability: Hunger Strikes and the Political Agency of Non-citizens", *Citizenship Studies*, 15:5, pp. 597-611.

Nicholls, Walter & Justus Uitermark, 2017, *Cities and Social Movements: Immigrant Rights Activism in the United States, France, and the Netherlands, 1970-2015*, Wiley Blackwell.

Norman, Julie M., 2020, "Beyond Hunger Strikes: The Palestinian Prisoners' Movement and Everyday Resistance", *Journal of Resistance Studies*, 6:1, pp. 40-68.

Redish, Maritin H. & Matthew B. Arnould, 2012, "Judicial Review, Constitutional Interpretation: Proposing a 'Controlled Activism' Alternative", *Florida Law Review,* 64:6, pp. 1485-1537.

Rosenberger, Sieglinde, Verena Stern & Nina Merhaut, 2018, *Protest Movements in Asylum and Deportation*, Springer.

Russell, Sharman Apt, 2005, *Hunger: An Unnatural History*, Basic.

Rygiel, Kim, 2011, "Bordering Solidarities: Migrant Activism and the Politics of Movement and Camps at Calais", *Citizenship Studies*, 15:1, pp.1-19.

Scanlan, Stephen J., Laurie Cooper Stoll & Kimberly Lumm, 2008, "Starving for Change: The Hunger Strike and Nonviolent Action, 1906–2004", *Research in Social Movements, Conflicts and Change*, 28, pp.275–323.

Scott, James C., 1985, *Weapons of the Weak: Everyday Forms of Resistance*, Yale University Press.

Siméant, Johanna & Christophe Traïni, 2016, *Bodies in Protest: Hunger Strikes and Angry Music*, Amsterdam University Press.

Steinhilper, Elias, 2018, "Mobilizing in Transnational Contentious Spaces: Linking Relations, Emotions and Space in Migrant Activism", *Social Movement Studies*, 17:5, pp.574-591.

——, 2021, *Migrant Protest: Interactive Dynamics in Precarious Mobilizations*, Amsterdam University Press.

Sutton, Rebecca & Darshan Vigneswaran,2011, "A Kafkaesque State: Deportation and Detention in South Africa", *Citizenship Studies*, 15:5, pp. 627-642.

Tilly, Charles, 1978, *From Mobilization to Revolution*, Addison-Wesley.

Topak, Özgün E., 2017, "Migrant Protest in Times of Crisis: Politics, Ethics and the Sacred from below", *Citizenship Studies*, 21:1, pp.1-21.

Zepeda-Millán, Chris, 2016, "Weapons of the (Not So) Weak: Immigrant Mass Mobilization in the US South", *Critical Sociology*, 42:2, pp. 269–287

Ziarek, Ewa Płonowska, 2008, "Bare Life on Strike: Notes on the Biopolitics of Race and Gender", *South Atlantic Quarterly*, 107:1, Winter, pp. 89-105.

第6章　「生の剝き出し化」に抗して
――無登録移民の生の保障をめぐる人権と人道

髙谷幸

「私は人間です」「日本人と同じ人間なんです」「入管は私たちを人間と思ってない」……有効な在留資格を持たない無登録移民たちから、このような訴えを何度聞いただろうか。在留特別許可が認められなかったとき、入管収容所でひどい扱いを受けたとき、仮放免中（収容から一時的に解かれている状態のこと）で働くことが認められずにいるとき……彼らの訴えはほとんどいつも「人間」であることを手がかりにしている。「人間扱いされていない」「人間扱いしてほしい」、これが彼らの訴えだ。

この訴えに、七〇年前、ハンナ・アーレントが指摘した「人権のアポリア」を見出すことは難しいことではないだろう。第一章で述べたように、アーレントは、二〇世紀前半のヨーロッパが生み出した大量の無国籍者や難民に、国民国家体制と人権の矛盾を見出した。[1]というのも「民族－領土－国家の三位一体」である国民国家から「放り出され」た無国籍者らは、どこからも保護されることなく無権利状態におかれたからである。アーレントは、彼らの状況を踏まえ、「単に人間である」ことを根拠とする人権概念に疑念を呈したのだった。

このような、いかなる政治共同体からも保護されず、無権利状態に置かれる人びとの存在は過去のものではない。本書で論じてきたように、現代の無登録移民もまた、アーレントが念頭においていた無国籍者や難民と背景は大きく異なるものの、居住国で法的な資格を認められていないため同様の状態におかれがちである。特に日本では、無登録移民がおかれた実質的な状況は、現代における「人権のアポリア」を映し出している。こうしたことから、彼らを「剝き出しの生」として捉え、彼らを保護できない人権の無力についてペシミスティックに論じる試みもある(2)。

だが、そうした状態におかれた人びとは、それでもなお「人間」を手がかりに、自らを曝し、その存在の肯定を求めてきた。この重みを無視することはできないだろう。そこで本稿では、この無登録移民による「人間」への訴えにたいする対応に焦点を当てることによって、「剝き出しの生」へと縮減しようとする、言い換えれば生を剝き出し化する力に抗する政治の一端を明らかにしたい。その際、注目するのは人権と人道という二つの言葉とそれにもとづく実践である。

1　人権と人道

人権と人道という概念はいずれも、一八世紀の西洋において啓蒙思想やキリスト教を背景に生み出された点で共通の特徴をもっている。しかしその後二〇世紀末までの間、この二つの概念は、基本的には異なる領域で発展してきた[3]。もちろん実践的には重なることもあり、二つの概念の関係性についても論者によって様々な見解があるが、一般的には以下の違いが指摘されている。

まず人権については、よく知られているように、アメリカの独立宣言（一七七六年）やフランス革命の「人間と市民の権利の宣言（人権宣言）」（一七八九年）によって、人間は（人間であるがゆえ）生まれながらに平等であるという思想が打ち出された。同時に、これらの宣言は、国家との関係で人間＝市民の権利を捉えている。つまり人権は、少なくとも当初は、ある国家における成員に対して、個人の自由と平等を保障する「市民の権利」と位置づけられていた[4]。そしてそれぞれの国家のなかで、権利は、人びとの運動を通じて、その対象（無産階級や女性への権利拡大など）や、内容面（社会的権利の創設など）で拡張がすすめられていった。

一方、人道（主義）は、戦争をはじめ、遠隔地で大規模に引き起こされた人間たちの苦痛に対応する概念として用いられてきた。有名なのは、一九世紀にスイスの実業家アンリー・デュナンによって設立された国際赤十字の活動である。デュナンは赤十字の活動を人道的活動と位置づけ、政治に対する中立を掲げて戦争で負傷した兵士やその後、一般の人びとも含めて救援を行なった。

こうしたことから、一般的には、人権は、平時の社会における不公正の長期的な変革を求める概念であるのに対し、人道は、戦時における苦難・苦痛を一時的であれ緩和する慈善を意味する概念として捉えられてきた[5]。アメリカの哲学者ジェフェリー・フリンは人道主義の核を苦痛の軽減と捉える一方で、人権は、対等な権利の保障に伴い地位向上機能をもつことを強調する。というのも対等な権利の保障とは、ある社会的・政治共同体において、すべての人間が権利の保持者として対等な地位をもつことを意味するからである（法的には「法の下の平等」と表現される）。それゆえ人権は、それまで不平等に扱われてきた人びとが対等な地位を求める要求を行うことを可能にし、実際その人びとの地位を向上させる機能をもつという[6]。

その上でフリンは、両者の複雑な関係性やその変遷を論じるが、特に二〇世紀末以降、両者の関係性が変容するようになった。ここでは、その点に触れる前に、二〇世紀後半における移民の生の保障の局面で、人権と人道がどのように働いてきたのかを見てみよう。

2　第二次大戦後における権利革命

まず移民の生の保障という観点からすれば、戦後の欧米諸国では、主に権利という観点から整備が進められていった。具体的には、居住国の国籍をもたない移民が定住化するなか、彼らへの経済的・社会的権利、さらに一部の政治的権利が認められていった。これは、定住化した移民のメンバーシップが、政治的権利（特に国政参政権）をのぞけば、当該国の完全なシティズンシップ（国籍）と大きな違いをもたなくなったことを意味している[7]。逆にいえば、このような移民に対する権利の保障とは、それまで市民（国民）に限定されていた諸権利の対象が、移民も含む住民へと拡大していったことを含意している。[8] つまりこれらの国では成員とは、国民だけでなく移民も含むようになったのである。

移民への権利保障に限らず、権利の拡大は、第二次世界大戦後、リベラル・デモクラシーを掲げる多くの国で現実になった。その背景には、ナチスや膨大な戦争被害者を生み出した第二次世界大戦を受けて、一九四八年に国連で「世界人権宣言」が宣言されたこと、それをもとに国内のみならず国際的な人権保障の枠組みが整備されるようになったことがある。こうしたなか植民地における独立闘争を含め、これまで排除や周縁化を被ってきた人びとが権利を求める動きが広範に生じた。マイケル・イグナティエフは、こうした戦後の変化を「権利革命」とよんでいる。イグナティエフによると、権利とは「無味乾燥な法律用語」ではなく、「私たちがもっとも大切だと考える価値——尊厳、平等、尊敬——に法的意味をあたえる試みを表現したもの」だという。それは「人間としての私たちの道徳的アイデンティティの表現」であり、人びとが行う権利要求は、「公正な世界に住みたい」という願いを表現し、実現するための手段なのだ。[9] 無論、こうした道徳、願いを、以前の人びとはもっていなかったわけではない。しかし二〇世紀後半以降に特徴的なことは、人びとがこうした道徳や願いを「権利」という言葉で表現するようになったということである。

3　無登録移民の権利保障

一方で、無登録移民の場合、国際的な権利保障の枠組みとしては、一九九〇年に国連で採択（二〇〇三年発効）された「すべての移住労働者とその家族の権利の保護に関する国際条約（移住労働者権利条約）」がある。ただし、この条約は締約国も限られ、日本も批准していない。同時に、この条約で無登録移民に認められている権利については限界もある。アメリカの法学者リンダ・ボスニアクは、この条約が無登録移民の人権保障に関する条項を含む一方で、移民の受け入れと排除を管轄する国家主権の規範と構造を優先していることに注意を促す。その上で、この国家主権の優先が、条約で認められているはずの無登録移民の権利を実質的に制限しうる効果をもたらしていると指摘する[10]。

ここにも表れているように、無登録移民の権利保障の場合、アーレントの「人権のアポリア」同様、国家主権との関係性が常に問題にされてきた。前述のように、「法の下の平等」として定式化されてきた人権は、もともとは国家による成員の対等な権利として保障されてきた。しかし無登録移民の場合、こうした人権と国家主権という二つの原理の矛盾が先鋭化する。というのも無登録移民が当該社会で働き暮らしている成員であることを考えると、成員の権利としての人権が認められるべきである。しかし移民の入国を国家主権の権限として考えると、無登録移民はその主権から承認を得ていない存在とされる。それゆえ理論家たちも、この二つの原理をどのように調停するかという観点から議論を展開してきた[11]。

まず国家主権を重視する立場からは、無登録移民は当該国家の承認を受けていない以上、成員ではないという批判がなされるだろう。しかし、民主主義社会における「法の下の平等」というアイデアは、誰もが主権者として支配し（法をつくる立場に立ち）、同時に支配される（自ら創設した法にしたがう）関係にあることを望ましいと考える。この観点からすると社会に参加しながらその社会の決定に参加できない成員（言い換えれば支配されるだけの存在）がいることは不公正なことである。つまり、当該社会のなかで生活を築いている人は成員として認められるべきだと考えるのである。

現実にも、無登録移民が当該社会で実質的なメンバーシップを築いていることを根拠に権利要求がなされてきた。アメリカでは、こうした社会的存在としての無登録移民は、憲法に定められた「法の下の平等」や「領土的な人格」という成員としての権利が認められるかが複数の裁判で争われてきた[12]。すなわち彼らの生を保障しようとする思想や実践は、彼らが居住国で働いたり、教育を受けたり、親密な関係を築いたりという形で社会関係に組み込まれ、実質的に当該社会の成員として暮らしているという事実を重視し、彼らの権利保障を求めてきたのである。

ボスニアクは、この点を政治哲学者マイケル・ウォルツァーによる複合的平等の議論と結びつけて整理する。ウォルツァーは、国家による成員資格の設定や移民の入国権限を正当化する一方で、ある領域における財の配分が、別の領域における財の配分に影響したり、地位や権力へと転移されることを不公正とみなす複合的平等論を唱えた[13]。例えば、経済領域において財をもつ人（裕福な人）が、その財をもつことを理由として政治領域において上位の地位や権力を得ることは不公正ということになる。つまりウォルツァーのいう複合的平等とは、経済や政治など、それぞれの領域における配分原理が自律し、相互に影響しないことをいう。ボスニアクは、この議論を援用し、無登録移民の権利要求とは、出入国管理の領域と成員の権利の領域すなわち経済・社会的領域は分離させるべきこと、それゆえ前者における国家の権限が、後者における彼らの権利の制約へと転移することは不公正だとする主張だと整理する。これは、言い換えれば、人権と国家主権という、無登録移民の処遇をめぐって緊張関係にある二つの原理を、それぞれが効力を発揮する領域を峻別することで調停しようとする議論だといえるだろう。

こうした議論が示すように、無登録移民の生の保障をめぐっては、人権は、国家の主権を一定程度限定するものとして位置づけられている。つまりここでは、人権とは、国家から放り出された人びとを生きながらえさせる最低限の恩恵を意味する用語ではない。むしろそれは、無登録移民の、社会的存在としての生を公認し、国家と彼らの関係性を変えるための掛け金となる政治的な言葉である。こうした潜在力をもつからこそ、国家は人権に警戒感を示し、それを非政治的なものへと転換させようとするのである。

4　人権と人道の曖昧化

しかし、現代のヨーロッパでは、こうした政治的な言葉としての人権が背景に退き、庇護希望者や無登録移民への対応のなかで「人道的理性」が大きな役割を果たすようになっている。[14] 一九九〇年代以降、人権や人道の概念を掲げた実践が展開される現場や実践の対象が重なるようになってきたこともあり、両者の関係性が変容してきたのである。

ディディエ・ファッサンによると、一九八〇年代末以降、フランスでは政治的庇護の認定が厳格化される一方で、病気を患った庇護希望者は「人道的理由」にもとづき法的な滞在許可証を受け取れるようになった。また無登録移民も、重い病気にかかっている場合は滞在許可が認められるようになった。こうしたことからファッサンは、彼らの「生きる権利はますます、政治的な領域から人道的な領域に置き換えられている」と述べる。[15] また、この時用いられるのは「権利」ではなく「同情 compassion の論理」である。[16] だが、このような「同情の論理」は、ヒエラルキーを伴っており、特定の対象には同情が集まる一方で、同情に値するとは見なされなかった場合、支援や滞在の許可にはつながらない。

近年の地中海を渡る移民・庇護希望者を対象としたイタリア軍による人道的救援活動を論じるクッティッタもまた、そこに見出される矛盾に着目する。すなわちこの活動は、リビアの海域まで行って移民らを救助し、ヨーロッパの領土に連れて来るなど人権規範が要求する以上に移民の生命救済を実施する一方で、恩恵的かつ行政的な決定に基づいており、またヨーロッパに到着後の彼らの権利保障には結びついていないと指摘する。つまり人道的論理によってなされるのは、結局、移民の「従属的な包摂」だという。[17]

以上のように、ヨーロッパにおける移民や庇護希望者の生を支える実践では、もともと主流だった人権が、人道の論理へと置き換えられる場面がみられるといえるだろう。とはいえ同時に、第一章でみたように、ヨーロッパでは人権を保障する制度的な枠組みが一定程度整備されていることもまた確かである。

5　戦後初期における無登録移民と在留特別許可

一方、日本の場合、入管の方針に着目すれば、戦後一貫して主権の範囲内で配慮されるという人道の論理が優先してきた。人権という言葉が使われる場合でも、それは人道化された意味になっている。この点を入管体制が作られた戦後初期に遡って検討してみよう。

アジア・太平洋戦争終結後の一九四〇年代後半から五〇年代にかけて、日本を取り巻く海域では、帝国の崩壊と国民国家の再編にともなって大規模な人の移動が生じていた。日本の占領を担っていた連合国軍総司令部（SCAP）は、こうした人の移動の統制に乗り出した。戦後直後は、日本から朝鮮半島に戻ろうとする人が多かったが、その後は逆に、朝鮮の政情不安を背景に、半島から日本に移動してくる者が目立つようになっていた。しかしSCAPや日本政府は、こうした人の移動を「不法入国者」や「密航者」として扱った(18)（「入管収容所の歴史」参照）。

とはいえ「密航者」のなかには、日本に家族や親戚、知り合いがいたり、以前日本に暮らしたことがある者も少なくなかった。こうした経緯を踏まえ、彼らの中には、ＳＣＡＰに嘆願書を出して在留が許可される場合があったという[19]。その後、この方式は、一九五一年にアメリカの影響のもと制定された入管令に組み込まれることになった。すなわちこの法令では、「密航者」をはじめとする無登録移民の在留の許可は、退去強制手続の最終段階において、法務大臣の裁量によって特別に認められる行為として位置づけられた。これを在留特別許可という。その後、入管令は、一九五二年に法律としての効果をもつようになり、またそれ以降も改定が繰り返されたが、在留特別許可は、現在に至るまで変わることなく無登録移民が正規化される唯一の方法として機能してきた。

この、退去強制手続を官僚の多大な裁量に委ねた入管令を、当時朝鮮人と共産主義の結びつきを警戒していたアメリカの姿勢が体現された冷戦体制の産物とする見方もある[20]。一方、当時の入管の視点からみれば、これは、日本の出入国管理を「国際慣行」に合致するよう要求されて制定しものだった[21]。それゆえ退去強制手続についても、初代入管局長の鈴木一は、「本来その国の国内事項」だと前置きしつつ、「先進諸国の例に倣って合理性のある規定を設けて」おり、「手続は人権保障を旨とし民主的な運営を期して」いると述べている[22]。

6　不分明な人権と人道

このように、退去強制手続は「人権保障」を旨とするというのが入管の立場だった。ただしここでは、人権保障が、外国人の出入国を管轄する国家の主権を制約し得るものとは捉えられていない。また在留の許可という局面に着目すると、人権は人道と互換的な形で、無登録移民の個別の事情を勘案する際の入管の態度を示すものとして使われている。この点を一九五四年の国会審議に見てみよう。

一九五二年に日本は、サンフランシスコ講和条約を受諾し主権を回復したが、人の移動の管理をめぐってはその主権を行使できない事態に直面することになった。というのも当時、日本に暮らす韓国人の法的地位が日韓会議の議題とされたことを理由に、韓国が、被送還者のうち「密航者」以外の者（多くは日本で生まれ育ち法令違反となった者）の受け入れを「拒否」するようになったからである。また一九五四年に入ってからは、すべての被送還者が受け入れられなくなり、結果として、送還のための「船待ち場」であるはずの大村収容所に収容される人の数が急増するようになった(23)。この状況は国会でも注目され、在留特別許可の緩和を求める決議が出された(24)。また在留特別許可件数もこの頃増加するようになった。この過程で、収容所をはじめとする入管業務について国会で問われた前述の鈴木は、「国際慣例によって民主的な扱い」をしていると述べて、次のようにいう。

人権を尊重した観念によってどこまでもあたたかい気持で扱うということをモットーにいたしまして取扱っておる(25)。

つまり、入管にとって「人権の尊重」とは、「あたたかい気持」で無登録移民に相対することを意味している。鈴木は、「密入国者は必ず帰す」という原則が国際慣例であり、入管令はその国際基準に沿っていると繰り返す。その上で、「特殊の事情」に向き合う際の「できるだけあたたかい気持」と「法の冷厳なる運用」の「両方をどういうふうにやって行くか」が入管の「責務」だと述べる。ここでは人権は、「密航者」や収容者に帰属し、国家の主権を制約する権利ではなく、国家の主権を前提とした上で彼らに対応する入管職員の心がけや姿勢を意味する。またこれは、次に見るように、人道や「情」としても言い換えられる。鈴木に問いかける自由党（当時）所属の国会議員林信雄は次のように述べる。

外国人といえども人なんですから、人間はただ食つだけでは生きて行けないと思うのであります。……愛情というものは国境によっては区別せられないのが、広く人道上の見方ではないかと思うのであります。(26)

林は、「親子の情、兄弟の情、夫婦の情愛」を「国境を越えた高いヒューマニズム」と普遍的な表現しているが、具体的には、韓国や台湾など旧植民地地域と日本にできていた人びとのつながりを問題にしていた。つまり当時の在留特別許可とは、植民地支配のなかで形成された人びとのつながりに旧宗主国がどのように対応するのか、というきわめてポスト植民地主義的な課題でもあった。(27) 林は、「いたいけな子供が参りまして、あちらには身寄りの者がない……

こちらには……父あり、母ありというようなものを引離す」「そういう場面を見ておると、見ておれない」と述べる。こうした「非人間的」「残酷な場面をそのまま見過して、これを密入国者として送還してしまう」ことには、「法の規定、法の趣旨及び人間愛情の問題」などがあるという。

このように、林にとって愛情や情という人間関係にまつわる感情こそが、在留特別許可の拡大を主張する根拠だった。またこのとき前提とされている「人間」とは、社会性や歴史性を刻み込み、特定の人びととの間に感情的なつながりをもつ存在である。こうしたつながりに配慮するのが「人道」であり、逆に、それを強制的に断ち切ることは「非人間的」なことである。この林の発言に典型的なように、情や人道は、感情的・社会歴史的存在としての無登録移民が、特定の他者とのつながりを断ち切られ、その生を剝き出し化されることにたいする「抵抗」の言葉としてある。とはいえそれは、主権を制限する権利の言葉ではなく、入管の姿勢を糺す道徳の言葉である。林の発言を受けて鈴木は「人道的な扱いという趣旨はわれわれもその通り考えておる」と答えている。

そして今日でも入管は、移民を管理する主権の権限を前提に、在留特別許可の判断にあたっては「個々の事案ごとに、在留を希望する理由、生活状況、人道的な配慮の必要性等、諸般の事情を総合的に勘案した上で判断」するというのを常套句としている（例えば、参議院法務委員会二〇〇九年三月二四日、森英介法務大臣（当時）の発言）。すでに見たように、欧米では戦後、権利の言葉にもとづき、無登録移民を含む移民の生の保障が進んだが、近年それが人道の論理に置き換えられる傾向がある。一方、日本の入管政策における無登録移民への対応においては、六〇年前からほとんど人道の論理しか機能していない。人権という言葉が用いられる場合も、それは人道化されている。

これは、文化の問題としても捉えられるかもしれないが、それ以上に在留特別許可の構造の問題といえるだろう。つまり退去強制手続における法務大臣の裁量行為として在留特別許可が位置づけられている以上、これを求める主張に、権利の言葉が入る余地はほとんどない。結果としてそこでは、人道の論理しか機能しないのである。

7 権利の言葉

それゆえ日本の無登録移民の生の保障という文脈で、権利の言葉が用いられるのは特定の運動に限られてきた。それが顕著に生じたのは一九八〇年代後半‐九〇年代初頭である。当時、アジアやアフリカから来日して働く人びとが増加したが、その多くは「オーバーステイ」の無登録移民だった。彼らは、有効な在留資格がないため、職場などで労災や解雇などに直面することが多かった。また医療や教育の現場でも、無登録移民への対応が課題になった。こうしたなか、労働組合や市民運動、NPOから無登録移民の経済的権利や社会的権利を求める声が上がるようになった。そこで主張されたことは、経済・社会的領域では、無登録移民であっても「労働者」や「住民」として認められるべき、というものだった。(28)

この論理は、ボスニアクがアメリカの判例解釈のなかで導き出した、経済・社会的領域は、出入国管理の領域とは区別されるべき、という主張と同じである。つまりこれらの運動では、実際の社会関係を根拠にして、社会的存在としての無登録移民の人権や権利保障が求められてきた。こうした主張は、労働や医療、教育という特定の領域での権利保障につながった一方で、アメリカとは異なり、それが、無登録移民の滞在権の要求に直接つながることは困難だった。というのも滞在権の主張は、結局、在留特別許可を求めるという形で希求されるため、前述のように権利の言葉が入る余地はほとんどないからである。こうして運動もまた、無登録移民の在留を求める場合は、権利の言葉よりも人道の論理を基盤にせざるを得ない状態が続いている。

8 「生の剝き出し化」に抗して

無登録移民は、国際的な人権保障の枠組では十分に保障されず、今も無権利状態に置かれがちである。一方で、そうした状態に置かれた時、彼らはほとんどいつも「人間」を手がかりとして、「人間らしい」扱いや暮らしを希求する。そして、こうした無登録移民の声に応答するために、戦後用いられてきたのもまた、「人間であること」にもとづく人権や人道という言葉だった。これらは、たとえどれほど手垢に塗れ、ときに「正しすぎ」、ほとんどの場合「役に立たない」ものであったとしても、打ち棄てられることはなかった。むしろ無登録移民の生を支えようとする思想や実践は、この人権や人道という言葉に、社会性や歴史性、感情的存在としての人間を読み込み、その「らしさ」を豊穣化させようとしてきた[29]。それゆえこれらは、彼らの生を剝き出し化する力に抗する言葉だともいえる。

そのなかで、日本の無登録移民の在留に関しては、人道の論理が常に主流だった。この論理は確かに、無登録移民をこの社会とつながりのある具体的存在として捉え、人びとの同情を喚起してきた。一方で、この人道の論理のみに頼ることは、無登録移民の日本への編入が、結局のところ恩恵による「従属的包摂」に限られていることを意味している。

注

(1) アーレント(二〇一七)
(2) アガンベン(二〇〇五)
(3) Barnett ed. (2020)
(4) Moyn (2020)。一方、リン・ハントは、一八世紀における人権思想の誕生の背景として、文化的実践により遠く離れた者に対して平等や共感の感覚を抱くようになった、当時の人びとの感情の変化や身体感覚の変化を見出した(ハント 二〇一一)。ただしこのハントの議論に対しては、当時は別領域だった人権と人道を交錯させているという批判や、感情的なアピールが人権という地位の問題にどのようにつながったかが論じられていないという批判がある(Moyn 2020; Flynn 2020)。
(5) Barnett (2020)
(6) Flynn (2020)
(7) Brubaker (1989)
(8) ハンマー(一九九九)、田中(二〇一三)
(9) イグナティエフ(二〇〇八)

（10）Bosniak（1991）
（11）ベンハビブ（二〇〇六）、Bosniak（1994, 2006）。これとは別に、移動の自由をリベラリズムの根源的な価値の一つと位置づけ、それを前提に国境開放論と無登録移民の権利を論じる、ジョセフ・カレンズのような議論もある（詳細は第七章参照）（Carens 1989; 2013）。また移民の権利を訴える社会運動や思想において、一定の閉じられた社会を前提にした「市民」概念の問い直しが行われている（Mezzadra 2015; Ticktin 2016）。
（12）Bosniak（2006）
（13）ウォルツァー（一九九九）
（14）Fassin（2012）, Cuttitta（2018）
（15）Fassin（2001: 4）
（16）Fassin（2012: 145）
（17）Cuttitta（2018）
（18）大沼（一九九三）
（19）森田（［一九五五］一九七五：八八）
（20）モーリス＝スズキ（二〇〇五）
（21）川上（一九六五）
（22）参議院外務・法務連合委員会一九五二年四月三日、鈴木一の発言。
（23）高谷（二〇一七）
（24）森田（［一九五五］一九七五）
（25）衆議院法務委員会一九五四年二月三日、鈴木一の発言。
（26）衆議院法務委員会一九五四年二月三日、林信雄の発言。
（27）この点については、高谷（二〇一七）の第2章も参照。林は、植民地支配のなかで形成された人びとのつながりへの配慮を訴える一方で、朝鮮や台湾に対する日本の優越という認識を克服してはいなかった。

（28）髙谷（二〇一七）

（29）一方で、本章でもみたように、人を社会的・歴史的に状況づけられた存在とみなすことは常に他者にたいする公正な扱いを保障するわけではない。むしろケイト・マンは、特定の人にたいする非人間的扱いもまた、そうした認識を基盤にしていると論じる（マン 二〇一九、第5章）。たとえば、女性を「与える者」とみなす認識は、その認識に当てはまらない女性を「反抗者」とみなし、彼女にたいする貶めを正当化するという。日本における無登録移民の支援の場でも、特定の社会的存在（例えば「罪のない子ども」）の強調が、それ以外の存在を劣位におくことにつながってきた。詳しくは髙谷（二〇一七）参照。

参考文献

アガンベン、ジョルジョ、二〇〇五『人権の彼方に――政治哲学ノート』高桑和巳訳、以文社。

アーレント、ハンナ、二〇一七『新版 全体主義の起原2 帝国主義』大島通義・大島かおり訳、みすず書房。

Barnett, Michael, N., 2020, "Introduction: Worlds of Difference," *Humanitarianism and Human Rights: A World of Difference?*. Cambridge: Cambridge University Press.

Barnett, Michael, ed., N., 2020, *Humanitarianism and Human Rights: A World of Difference?*. Cambridge: Cambridge University Press.

ベンハビブ、セイラ、二〇〇六『他者の権利――外国人・居留民・市民』向山恭一訳、法政大学出版局。

Bosniak, Linda, S., 1991, "Human Rights, State Sovereignty and the Protection of Undocumented Migrants under the International Migrant Workers Convention," *International Migration Review*, 25(4): 737-770.

Bosniak, Linda, S., 1994, "Membership, Equality, and the Difference That Alienage Makes," *New York University Law Review*, 69(6): 1047-1145.

Bosniak, Linda, S., 2006, *The Citizen and the Alien: Dilemmas of Contemporary Membership*, Princeton University Press.

Brubaker, Rogers, 1989, "Membership without Citizenship: The Economic and Social Rights of Noncitizens," Brubaker, R., ed., *Immigration and the Politics of Citizenship in Europe and North America*, Lanham, MD: University Press of America: 145-181.

Cuttitta, Paolo, 2018, "Delocalization, Humanitarianism, and Human Rights: The Mediterranean Border Between Exclusion and Inclusion," *Antipode*, 50(3): 783-803.

Fassin, Didier, 2001, "The Biopolitics of Otherness: Undocumented Foreigners and Racial Discrimination in French Public Debate," *Anthropology Today*, 17(1): 3-7.

Fassin, Didier, 2012, *Humanitarian Reason: A Moral History of the Present*, Berkeley: University of California Press.

Flynn, Jeffrey, 2020, "Suffering and Status," Barnett, Michael, N. ed., *Humanitarianism and Human Rights: A World of Difference?*, Cambridge: Cambridge University Press, pp. 49-70.

ハンマー、トーマス、一九九九『永住市民と国民国家――定住外国人の政治参加』近藤敦監訳、明石書店。

ハント、リン、二〇一一『人権を創造する』松浦義弘訳、岩波書店。

イグナティエフ、マイケル、二〇〇八『ライツ・レヴォリューション――権利社会をどう生きるか』金田耕一訳、風行社。

川上巌、一九六五「出入国管理の歩ゆみ（十二）――昭和時代の出入国管理制度」『外人登録』一〇〇：二五－三一。

マン、ケイト、二〇一九『ひれふせ、女たち――ミソジニーの論理』小川芳範訳、慶應義塾大学出版会。

Mezzadra, Sandro, 2015, "The Proliferation of Borders and the Right to Escape," Yolande Jansen et al. eds., The Irregularization of Migration in Contemporary Europe: Detention, Deportation, Drowning, London: Roman&Littlefeld, pp. 121-135.

Moyn, Samuel, 2020, "Human Rights and Humanitarianization," Barnett, Michael, N. ed., *Humanitarianism and Human Rights: A World of Difference?*, Cambridge: Cambridge University Press, pp. 33 - 48.

森田芳夫、［一九五五］一九七五『在日朝鮮人の処遇と現状』湖北社。

モーリス＝スズキ、テッサ、二〇〇五「冷戦と戦後入管体制の形成」『前夜』三：六一－七六頁。

大沼保昭、一九九三『〔新版〕単一民族社会の神話を超えて――在日韓国・朝鮮人と出入国管理体制』東信堂。

髙谷幸、二〇一七『追放と抵抗のポリティクス――戦後日本の境界と無登録移民』ナカニシヤ出版。

田中宏、二〇一三『在日外国人 第三版――法の壁、心の溝』岩波書店。

Ticktin, Miriam, 2016, "Thinking Beyond Humanitarian Borders," *Social Research*, 83 (2): 255-271.

ウォルツァー、マイケル、一九九九『正義の領分――多元性と平等の擁護』山口晃訳、而立書房。

＊本章は、髙谷幸「「剝き出しの生」への縮減に抗して――非正規移民の生の保障をめぐる人権と人道」（『現代思想』二〇一九年四月号所収）を改稿したものである。

第7章　許可なく暮らすことは悪いことなのか
――政治理論から入管政策を考える

岸見太一

日本社会には入管当局の許可を得ることなく暮らす多くの人びとがいる。稲葉が第二章と第五章で描き出したように、こうした無登録移民は、社会の他の人びとと共に暮らし、それぞれの仕方で紐帯を築いている。入管はこうした人びとを「不法残留者」や「不法就労者」と呼び、入管施設に収容され、強制送還されるべき対象として扱っている。入管が用いる「不法」というラベルは、無登録移民を犯罪イメージと結びつけ、入管の許可なく受け入れ国で暮らすことは道徳的に悪い行為であることを印象づける。[1] しかしながら、入管の許可なく暮らすことは、そもそも悪いことなのだろうか。[2] また、許可なく暮らす人びとは罰せられるべきなのだろうか。本章ではこれらの規範的な問いを、人の移動の政治理論の知見、特にこの分野の第一人者であるジョセフ・カレンズの国境開放論証を手がかりとして考察したい。

本章における用語法をまず述べておきたい。「入管の許可なく暮らすこと」とは、無登録移民が、入管当局の許可を得ずに居住すること、就労すること、あるいはその両方を意味する。許可を得ずに居住・就労する人びとのなかには、実際には、当初から許可を得ていなかった人、許可を得ていたがその後取り消された人など、さまざまな人びとが含まれる。だが、本章では議論の単純化のために、これらの違いを考慮しない。「入管法上のルール」として本章が念頭に置いているのは、居住・就労の条件に違反した外国籍の人に対して制裁（罰金、収容施設における身体拘束、強制送還）を課すルールである。

第一節では、国家が入国を管理することは正当であるという受け入れ国の多くの人が抱く暗黙の前提を問い直し、許可なく暮らすことは悪いことではないと主張する、カレンズの議論を紹介する。第二節では、彼に反対し、国籍を持たない国家において当局の許可なく暮らすことは悪いことだと考えられる根拠を取り上げる。その結果、いずれの根拠も退けられることを示す。カレンズは現実の国家でなされるべき入国管理の執行のされ方については論じていない。第三節と第四節では、彼の議論が入管当局による日々の決定と行為に対してもつ含意を検討する。第三節では、準備作業として、許可なく暮らすことが各国で厳罰化されてきたのはなぜかを、制裁の社会的機能に着目して検討する。第四節では、入国管理において、制裁としての入管収容は期間にかかわらずすべて廃止されるべきことと、許可なく暮らす人びとを「不法」と名指すべきではないことを指摘する。

1　許可なく暮らすことは悪いことではない——カレンズの議論

ある国においてその国の当局の許可なく暮らすことは悪いことなのだろうか。国家が入国を管理することが正しいのは自明のことに思えるかもしれない。だが、ほんとうにそうだろうか。

次のことを想像してみよう。あなたは自分がいま住んでいる県から別の県に引越ししようとしている。引越しの日の当日、引越し業者が出発するのを見送ったあなたは、自分も新しい住まいがある県に移動を始める。移動の途中で県境を越えるときに、県の職員に呼び止められることはない。新居に到着してから一週間たった。荷ほどきもようやく一段落したので、市役所に転居届を出しに行くことにする。この光景は、自分が生まれ育った国に住んでいる人にとっては、とても日常的なものである。国内においては自由な移動が権利として認められており、行政への転居の通知が拒否されることはない。

だが、もし引越し先が外国ということになれば、あなたはその国に移動を申請し許可を受けなければならない。もし許可が下りなければ、あなたがどれほどその国に行きたかったとしても、また移動先の国にいるあなたの知人が、どれだけあなたを受け入れたいと思っていても、あなたは移動をすることができない。これもとても日常的な光景である。あなたには国境を越える移動を自由にする権利は認められていない。だが、それはなぜだろうか。いったいなぜ、国内では自由に移動することができるのに、外国には自由に移動できないのだろうか。国境を越える移動の自由の権利が認められるべきではない理由はあるのだろうか。

国境開放論証

カレンズは、いまみたような国内移動と国境を越える移動の自由との比較から、国家が入国管理をすることは不正であるという、わたしたちの常識からは距離のある結論を導いている。彼はこの結論を、国内における移動の自由が重要である理由をはじめに示し、同じ理由が国境をこえる移動の自由にあてはまることを示すという、二つの段階を踏むことで論証している。国内移動の自由はなぜ重要なのだろうか。カレンズは、国内移動の自由には少なくとも次のような三つの重要な理由があると指摘している。

第一の理由として、行きたいところに行くことができることにはそれ自体として重要な価値がある(3)。この点は、実際にはいま居住している場所からの移動を選択しない人のことを考えるとわかりやすい。多くの移動先の選択肢がある状況であえて移動をしない選択をすることと、他に選択肢がない状況で移動をしない選択をすることは、まったく意味が異なると多くの人には感じられるだろう。

第二の理由として、移動の自由には様々な機会を享受することを可能にするための手段としても重要な価値がある。個人の観点からは、移動の自由はその人の人生に意味と目的を与えてくれるような選択肢を可能にするための重要な手段である。もしも国内を自由に移動することができなければ、友人や家族への訪問、教育機関への通学、文化的な催しへの参加やそこでの表現、仕事探し、恋人探し、などの機会は大幅に制限されてしまうだろう。(4)

第二の理由からは、自由な移動の権利の保障は、たんに行きたいところに訪問できるだけでは十分ではなく、住みたいところに居住することまで含まれなければならないことがわかる。住みたいところに居住できなければ、たとえば通学や仕事探しの機会は大幅に制限される。友人や家族と会う機会は、訪問の場合でも享受することはできるが、居住が禁止されていればその頻度は大幅に減ってしまうだろう。(5)

第三の理由は、移動の自由は、たんに様々な機会を可能にする手段であるだけでなく、人びとの間の機会の不平等を縮減するための手段としても重要な道徳的価値がある。近代以前の封建制社会においては、ある人が享受できる機会は生まれた場所と身分によって大部分決定されていた。生まれた場所からの移動が制限された身分の人びとは、たとえ意欲と才能があったとしても自らが望む機会を得ることは叶わなかった。国内において移動の自由の制限が撤廃されたことは（階級・人種・ジェンダーに基づく差別の禁止という要因と合わせて）国内における機会の格差の縮減に貢献した。(6)

国内移動の自由が道徳的に重要な価値であると考えられる三つの理由は以上の通りである。国内移動の自由が重要な価値であるとすれば、どのような仕方で尊重されるべきであるだろうか。この自由を制限することが正当化される（justified）ような状況はあるのだろうか。カレンズに倣い、つぎの二つのシナリオを考えてみよう。(7)

本節の冒頭で述べたように、国内において引越しをする場合に、わたしたちは当局の許可を事前に得る必要はない。第一のシナリオは、国内における移動の自由の管理が現在よりも強化された状況である。あなたの国内の移動の自由は、何らかの公共政策上の目標を達成するために必要であれば制限される。移動が必要な場合には当局の許可を得なければならない。公共政策上の目標の例としてもっともわかりやすいのは、パンデミック下における感染予防であろう。感染症対策として必要な範囲において、自由に移動する権利は制限を受ける。どのような範囲の人に移動の許可がなされるかは、その地域の感染状況や、移動の申請総数によっても変化する。また、医療従事者や食料品販売店の従業員が職場まで移動することは、政策目標の達成のため必要なため原則的に許可される(8)。

ただし、あなたはこのシナリオにおいても移動についてある程度の権利を依然として持っていることには注意が必要である。移動したいというあなたの願望は、当局による最終的な決定が下されるにあたって適切な仕方で考慮されなければならない。したがって、当局の担当者は、あなたの申請を拒否するにあたって、当の公共政策上の目標にとってあなたの移動を制限することが必要であることを立証する責任を負っている(9)。言い換えれば、このシナリオにおいても、当局が恣意的な仕方ではあなたの移動の自由を制限できないよう、権力の行使の仕方に制限が課せられている(10)。

それに対して第二のシナリオでは、あなたは自由に移動する権利を何も持っていない。そのため、あなたにとって別の県に移動することがどれだけ重要なことであるかを当局はまったく考慮しなくてよい。当局は、あなたの移動の決定を、公表された政策目標に基づいて行うかもしれないが、そうする法的な義務は負っていない。そのため、第一のシナリオとは異なり、当局はあなたの移動の制限がその政策の実現のために必要であることを証明する必要はない。あなたの移動は許可されるかもしれないが、移動を許可するかどうかは当局の恣意的な裁量に委ねられている。このシナリオは、現代の国家が入国を希望する外国人に対して行っている管理統制に大まかに対応している[11]。

移動の自由が道徳的に重要な価値であるということは、移動の自由の制限は恣意的な仕方でなされてはならないことを意味する。このことは、第一のシナリオを考えればわかるように、わたしたちの日常的な道徳理解においても共有されているはずである。したがって、もし国家が移動の自由を制限する場合には、そうした制限が公共政策上の目標を遂行するために必要であるという適切な証拠が示されなければならないだろう[12]。

ここで、第二のシナリオでみたような、国内において国家による恣意的な裁量に基づく管理統制がなされる場合を考えてみよう。この場合においては、当局は、ある人の移動の自由を、いかなる証拠も提示することなく、恣意的な仕方で制限してもよい裁量を保持している。しかし、前の段落で述べたように、移動の自由が重要な価値であるためそうした恣意的な仕方での制限は認められないはずである。これが、わたしたちが日常道徳において、国内の移動の自由が恣意的に管理統制されることは不正だと判断する理由である。

それでは国境を越える移動の自由の場合はどうだろうか。本稿では詳細に論じることはできないが、カレンズは、国境を越える移動の自由は、国内における移動の自由と同じ重要性をもつと主張している[13]。国境を越える移動の自由もまた道徳的に重要な価値であるならば、国内移動の自由の場合と同じ様に、国家が移動の自由を恣意的な仕方で制限することは認められないはずである。そのため、国境を越える移動の自由を国家が恣意的な裁量に基づく管理統制をすることもまた、不正である。したがって、カレンズは現在のような仕方で〈国家が国境を越える人の移動を制限することは道徳的に正当化できない〉と結論づける[14]。

ここで「現在のような仕方で」という限定が入っていることからもわかるように、カレンズは国境を越える移動を制限することがいかなる場合も正当化されないとは考えていない。彼が正当化できないと考えているのは、あくまでも移住に対する国家の恣意的な裁量に基づく管理統制である。したがって、そうした制限が妥当な政策上の目標に照らして必要であるという適切な証拠が提示された場合には、国境を越える移動の制限が正当化される場合があることはカレンズも否定していない。

封建制のアナロジー

以上がカレンズによる国境開放論証の概観である。しかしながら、少し立ち止まって考えてみると、彼の議論は奇妙なものに思えるかもしれない[15]。国境開放論証は、すでに述べたように移動の自由についての日常的な理解に訴えたものであったはずである。だが、その論証から導かれた〈国境を越える人の移動を制限することは正当化できない〉という結論は、国家には入国管理をする権限があるという、国境管理についての多くの人が抱いている日常的な理解を鋭く批判するものになっている。彼はいったいどのような根拠から、国境管理に関して、ほとんどの人が道徳的に正しいと思っていることが、実際には間違っていると主張しているのだろうか。

この疑問に対するカレンズの回答は、次のようにまとめることができる。カレンズが根拠として提示しているのは、ほとんどの人が気づいていないが、国境管理の正当性に関するわたしたちの日常的な道徳理解と、ある別の事がらに関するわたしたちの日常的な道徳的との間には食い違いがあるということである(16)。その別の事がらとは、国家権力による人間の自由の制限に関するわたしたちの日常的な道徳理解である。

国家権力による自由の制限に関する日常的な道徳理解に関して、彼はまず次のような三つの想定が広く共有されていることを指摘している。第一に、すべての制度や慣行は人為的なものである。したがって別の制度に変更することができる。第二に、代替的な制度の規範的な望ましさを評価する際には、国籍にかかわらずすべての個人が平等な道徳的価値を持つことが前提とされねばならない。第三に、ある制度によって人びとの自由が制限される場合には、道徳的な正当化が要請される。この正当化は、その国の国籍を持つ人びとのような、何らかの特定の集団だけでなく、当の代替的な制度によって権力を行使されることになるすべての人びとを名宛て人としてなされなければならない(17)。日常的な道徳理解においては、これら三つの想定をふまえたうえで、〈国家権力によって人間の自由が制限される場合には道徳的な正当化が要請される〉という共通理解が存在する(18)。

カレンズは、いまみた自由の制限に関する日常的な道徳理解に基づいて、現在の仕方での国家による国境管理を評価するならば、次のような判断が導かれねばならないと主張している。

移住に対する国家の管理統制は、移動の自由を制限するものであるため、正当化が要求される。この正当化においては、すでに国内にいる人びとの利害だけではなく、〔国境によって〕排除されている人びとの利害も考慮されなければならない。この論証においては移住の制限がすべての人びとにとって公正であると考えてよい論拠が示されなければならない(19)。

このように、自由の制限に関する日常的な道徳理解からは、道徳的な正当化が要請されるのは、入国管理によって人びとの移動の自由を制限している国家の側であるはずである。

しかしながら、いまみたような自由の制限に関する道徳理解は、入国管理についての日常的な道徳理解とは食い違っている。入国管理についての日常的な道徳理解では、国境管理の慣行は正当であって、正当化の要請は、自由を制限する国家の側ではなく、むしろ国境を越える移動の自由を行使しようとする人びとの側に課せられると考えられているからである。だが、カレンズに言わせれば、いま述べたように自由を制限する側ではなく自由を行使する側に正当化の要請を課すことは、自由に関する日常的な道徳理解を「反転」させてしまっていることに他ならない[20]。

カレンズは、自由の制限に関する正当化の要請をこのように反転させた結果、本来は不正義であるはずの国家による自由の制限を誤って当然視してしまった事例は、歴史的には決して少なくないと指摘している。たとえば、アパルトヘイトのような人種に基づく隔離政策や女性を男性に法的に従属させることが、国家による不正な自由の制限だと日常的な道徳において理解されたのは、決して古いことではない。さらに、カレンズが強調するのは、すでに言及した近代以前の社会における封建制である。封建制においては生まれた場所と身分によって享受できる機会が大部分決定されていた。現代のわたしたちにとっては、生まれながらの身分によって人生の展望が左右される封建制は、明白な不正義である。しかしながら、近代以前の社会に生きる人びとの日常的な道徳理解では、封建制は不正義であるとは考えられず、たんに当然視されていた[21]。

カレンズは以上をふまえたうえで、彼の議論のなかでも特に有名な、かつての封建制と現代の国境管理のアナロジーを次のように提示している[22]。封建制度における国内の移動の自由がその当時は多くの人には不正義であるとは考えられていなかったのと同じように、現在行われている国境を越える「移住に対する裁量的な管理統制は、今日のほとんどの人びとには不正義にみえていない深刻な不正義である」[23]。この意味において、富裕な民主主義諸国における国籍は、「封建的な階級特権の……現代における相当物である」[24]。以上から彼は、自由の制限に関する道徳理解と、入国管理についての日常的な道徳理解とが食い違う場合には、入国管理についての日常的な道徳的理解の側が矯正されなければならないと結論づけている。

交通法のアナロジー

もしカレンズの論証が正しいとすれば、道徳的に不正なのは、許可なく暮らす人びとではなく、恣意的な仕方で取締りをする国家の側であるということになる。したがって、許可なく暮らす人びとは入管法のルールに違反しても、決して道徳的に悪い行為をしているわけではない(25)。しかしながら、法律に違反することは道徳的に悪いことではないのだろうか。カレンズはこうした反論に対して、外国籍者の居住と就労について入管法が定めるルールと、車の駐停車や交通速度について交通法が定めるルールとの間の類似性に訴えることで応答している(26)。彼は次のように述べている。

移住を規制する法は、殺人と窃盗を禁止する法よりも交通規制によく似ている。法は有用な社会的機能を果たしているが、たとえ相当量の違反があり、そのルールに違反した人のほとんどが決して捕まることがなかったとしても、この機能はかなりうまく果たされる。〔法を〕執行するために、本当に危険な違反者――交通法の場合では飲酒運転や無謀な運転をして人命を危険に晒す人、入管法の場合にはテロリズムや犯罪に関与する人――に焦点を当てることは理解可能である。よくある違反行為（よくみられるスピード違反、働くための非正規な仕方での〔国境を越える〕移住）については、ルールを定め、執行を時折するだけで充分な水準の秩序が維持される[27]。

この引用文から、居住と就労についての入管法のルールと、車の駐停車や交通速度などについての交通法のルールとの間にカレンズが三つの類似点を見出していることが読み取れる。

第一に、二つのルールはともに何らかの公共政策上の目標を達成するうえでの社会的機能を果たしている。入管法上のルールが公共政策上の目標に照らして必要な役割を果たしうることは、パンデミックを例にすでに示した。同じように、交通法のルールは、車両の円滑な通行と通行上の安全を維持するという機能を果たしている。

第二に、二つのルールは、たとえ違反した場合でも、危険運転やテロ行為などとは違い、社会に深刻な帰結をもたらさないという点でも似ている。カレンズはこの論点をあまり展開していないが、駐車違反の場合はともかく、入管法上のルールに違反した場合に深刻な帰結が生じないかどうかは立ち止まって検討する必要があるだろう。したがって本稿では次節でこの論点を詳細に検討したい。

第三に、第一の類似点で言及したルールが担う社会的機能を実現するために、すべてのルール違反者を取締り、罰する必要性はないという点でも、二つのルールはよく似ている。交通法の場合、駐車違反やスピード違反の取締りはいつも行われている訳ではない。これらの取締りは、ある地域内における違反者数が一定以上にならない程度の頻度で集中的に実施される。次節でも述べるように、居住と就労に関する入管法上のルールの場合も、多くの違反者がいる場合には悪い帰結が生じる場合であっても、一人一人の違反者はごくわずかな影響しか与えていない。そのため、入管法の場合も、交通法と同じように、ルール違反者のすべてを取締り罰する必要はない。

交通法とのアナロジーについてのカレンズの指摘を確認した。第四節で論じるように、交通法のアナロジーは、許可なく暮らす人びとが罰せられるべきかどうかという問いを考えるうえで重要な示唆を与えてくれる。

2　それでも悪いことではないだろうか——反論の検討

カレンズの国境開放論証に基づけば、国籍を持たない国家において在留許可がないまま暮らすことは、道徳的に悪いことではない。むしろ、在留許可がない人びとを取締り、収容、送還する権限が国家にあることの方が不正である。以上のようなカレンズの主張は、日常的な道徳理解から距離があることは間違いない。第二節では、彼の主張に対する反論を詳細に検討することで、カレンズの主張のもっともらしさを確かめたい。これらの反論に基づけば、許可なく暮らすことはやはり悪いことである。以下では、（1）違反それ自体の悪さ、（2）違反の帰結の悪さ、（3）政治的共同体の自己決定に対する干渉という三つの根拠を順に検討する。

（1）違反それ自体が悪い

カレンズの主張に反対する第一の根拠は、およそ国家が定めたルール（法）に違反することは、そのルールの内容の道徳的な善し悪しにかかわらず、それ自体として悪いというものである。

この反論が基づく立場は「悪法もまた法なり」という格言によって要約される。この立場によれば、わたしたちが法を遵守すべきであるのは、その法の内容が道徳的に正当化されるからではない。そうではなく、わたしたちは、たとえ道徳的に悪い内容の法であったとしても、それが法である以上はそれに従うべきである。この立場は、一見すると極端な主張にも思える。だが、現実の国家は、領土内のすべての人びとに対して、その国のすべての法を、ただそれが法であるだけで服従することを求めてきた。[28] このような仕方で法に服従することは、その国の法の権威を尊重することである。反対に、ある法に違反する行為は、その国の法の権威を拒否することであるため、その法の内容とは無関係に、それ自体として悪いこととされる。[29]

この反論に対しては、二つの応答が可能であると筆者は考える。第一に、悪法に服従することを一般的に求める権威が国家にあることを理論的に正当化するのは困難である。この立場の妥当性は、政治理論・法哲学において権威論や遵法責務論と呼ばれる分野において検討されてきた。本稿では、この分野の多岐にわたる議論を紹介することはできないが、領土内のすべての人びとに対して、ただ法であることだけを根拠に法の遵守を要請する権威が国家に存在するという主張は、控えめに言ってもかなり論争的であり、多くの反論が存在する。[30]

第二に、ルール違反それ自体が悪いといえるためには、そのルールは少なくとも正統性(legitimacy)を備えたものでなければならない。正統性の考慮においては、手続きに加えて、法の内容の道徳的な望ましさも考慮に入れられる。入管法は正統性を備えているだろうか。手続の面からは、入管法は、その他の国内法と比べ民主主義的な正統性が欠損している。入管法の場合には、当のルールに服従する人びとに発言権が保障されていないからである(第三章も参照)。[31] 内容の面に関わる正統性は、入管法の規定それ自体だけでなく、その履行を確保するための執行のされ方の妥当性まで考慮したうえで評価されねばならない。カレンズは、入管法の規定は、ある人の移動の自由を恣意的に制限するものであるため妥当でないと指摘していた。入管法の執行のされ方については第四節で検討するが、そこで示すように入管法は執行のされ方の妥当性についても深刻な問題を抱えている。したがって、入管法が正統性を備えているとは言い難い。正統性を備えたルールではない以上、ルール違反それ自体が道徳的に悪いわけではない。

(2)違反の帰結が道徳的に悪い

ルールに違反すること自体は悪いことでなかったとしても、許可なく暮らす人びとが増加することで悪い帰結が生じるかもしれない。

こうした反論として提起されることが多いのは、許可なく暮らす人びとは、入管法のルールに違反するだけではなく、刑法上の罪を犯す可能性が高いというものである。永吉希久子によれば、日本では国境を越える移住者の犯罪率についてのデータが整備されていないため、この点を検証することは困難である。だが少なくとも手に入るデータに基づけば、許可なく暮らす人びとを含む日本国内の外国籍人口における犯罪率と、日本の総人口におけるそれとの間には大きな違いはない[32]。

この種の反論が多く提起されるのは、わたしたちの認知バイアスにひとつの要因がある。わたしたちには、自分の認識において目立つカテゴリー同士を実際以上に強く結びつけて認識するバイアスがある[33]。たとえば、窃盗団の活動が報じられる場合には、日本国籍者の場合には国籍への言及がないのに対して、外国籍者の場合には言及される。その結果、「窃盗団」と「外国籍」というカテゴリーは実際以上に強く結びついたものとして認識されてしまうのである[34]。

別の反論としては次のようなものがある。許可なく暮らす人びととは、国籍を持っているか合法的に居住する、経済的に困窮している人びとから、仕事と機会を奪っている。許可なく暮らす人びとはこの意味での「窃盗」をしているのだ[35]。

この反論には二つの応答ができる。第一に、ある一人が許可なく入国し、滞在し、働くことによる国内の雇用への影響は無視できるほどわずかである。そのため、許可なく暮らす人が誰かに危害を与えているとは言えず、ましては誰かから何かを盗んでいるとは言えない。第二に、許可なく暮らす人びとが大量に存在する場合には、その経済的な影響は大きなものになるだろう。だが、その影響が国内雇用にどのような影響を与えるかは状況次第であり、国内の雇用が拡大する場合もありうる[36]。また、もし国内雇用に悪影響を及ぼすとしても、多くの人が許可なく暮らすことがその要因だとすれば、許可なく暮らすことは、窃盗ではなく、前節で述べた駐車違反のような軽微な交通法違反とのアナロジーで理解する方が適切だろう。(37)

この二つの応答に対して、さらなる反論があるだろう。デイヴィッド・ミラーは次のように指摘する。入管政策においてわたしたちが考慮すべきなのは、ある一人が入国した場合の帰結ではなく、大勢の人びとが入国した場合の帰結である。たとえある一人が入国することで生じる影響はごくわずかなものであったとしても、その影響を無視するべきではない。(38)

この反論に対しても、やはり二つの応答が可能である。第一に、この反論は、ある特定の個人が違反すること自体の道徳的な悪さではなく、多くの人びとが違反することで生じる帰結の道徳的な悪さに注目するものである。もし多くの違反者が発生しないのであれば、ある個人が入管法に違反することは道徳的に悪いことではないことになる。

第二に、第一の点として確認したことは、交通法のアナロジーが適切であることを示すものである。大通りでの駐車違反は、違反者が多い場合には（円滑な道路通行を阻害する、緊急車両が停車できないなどといった）問題のある帰結を生じさせる。駐車違反者には反則金が課せられるが、わたしたちは駐車違反者が道徳的に悪い行為をしているとは考えていない。反則金が課せられる目的は、個々の違反者の処罰ではなく、円滑な道路通行を実現するという行政目標の実現である。一人一人の駐車違反者は、円滑な道路通行を顕著に阻害しているわけではない。そのため、個々の違反者は道徳的に悪いことをしているわけではない。同じように、入管法についても、たとえ多くの人が違反することで何らかの問題のある帰結が生じる場合でも、一人一人の違反者はその帰結にごくわずかな影響しか与えていない。そのため、許可なく暮らすことは悪いことではない。

（3）政治共同体の自己決定に対する干渉

第三の反論は、許可なく暮らすことは、受け入れ国の国民による自己決定に干渉するものであるため、道徳的に悪いというものである。

カレンズとは逆に、国家による国境を越える移動の自由の制限が正当化されると論じているミラーは、国民の自己決定の道徳的な価値にその根拠を求めている。「ある自己決定をする政治的共同体は……ある有意味な範囲における政策選択肢を保持するために国境を管理する権利をもつ〔強調は原文〕」[39]。この政策選択肢のうちでもっとも重要なのは、住居や教育や社会保障などに関わる公共支出である[40]。同胞国民に対する特別な義務はすでに国内にいる人に対してだけ公共支出をすることを正当化する。そしてすでに国内にいる移民に対しても人権による制約から公共支出を差し控えることはできないために、「移民の流入の速度と（教育や健康ニーズのような）移民の個人的特性はともに、これらの政策のすべてに対して影響を及ぼす」[41]。そのため、入国管理は国民の自己決定の不可欠な要素である[42]。

ミラーの立場からすれば、許可なく暮らす人びとの存在は、受け入れ国の国民の自己決定を干渉するものであるため、道徳的に悪いことである。カレンズの立場からは次のように応答できるだろう。第一に、国民の自己決定の重要性を認めたとしても、自己決定が他者からのいかなる干渉も排除するものであると想定することは妥当ではない。入国管理に関していえば、人の移動は個々の国家の外部環境によって大きく規定されている。結局のところ、各国家は、「自分たちが管理統制する管轄の外部の多くの異なる要因を考慮しなければならない」[43]。

第二に、カレンズは入国管理の撤廃を要求しているわけではない。前節で確認したように、カレンズが正当化できないと考えているのは、国境を越える移動を制限すること自体ではなく、あくまでも適切な証拠が提示されない、恣意的な仕方での制限である。もし証拠が提示されるのであれば、公共政策上の目標の実現のために移動の制限は正当化される。これらの目標には、たとえば、すでに述べたパンデミック下の感染症対策のような公衆衛生が含まれる。また、財政収支の均衡や安全保障の実現のために移動を制限することが正当化される状況があることも彼は否定していない。カレンズは受け入れ国の国民が国民の自己決定の名の下に、これらの行政目標を追求する余地があることを認めているのである[44]。彼が正当化されないとしているのは、行政目標を実現するうえで許可なく暮らす人びとがいることが阻害要因になるという証拠を、適切な仕方で提示することなく、国境を越える移動を制限することである[45]。

3　許可なく暮らす人びとはなぜ厳しく罰せられるのか

前節までの議論が妥当であるとすれば、自らが国籍を持たない国で当局の許可なく暮らす人びとは、悪い行為をしているわけではない。むしろ、恣意的な仕方で入国管理を実施する国家の側が不正である。この結論は、現実の国家における入国管理のあり方に対してどのような含意をもつのだろうか。

この点を考える前にまず確認しておきたいのは、カレンズの国境開放論証は、現実の国家においてどのような仕方で入国管理が執行されるべきかを論じたものではない、ということである。国境開放論証は、その名前から誤解しやすいが、現実の制度において国境を撤廃すべきという主張ではない[46]。カレンズによれば、この論証はあくまで、わたしたちが現実の制度を規範的に評価する際に使用できる規準を示すものである[47]。

しかしながら、わたしたちが許可なく暮らすことは道徳的に悪いことではないというカレンズの結論を真剣に受け止めるならば、この結論が日々の入国管理の執行のされ方に対してどのような含意をもっているかを問うことは重要な課題である。第三節では、この問いを考えるための準備作業として、現実の入国管理において、許可なく暮らすことがなぜ厳しく罰せられるのかを考察する。

許可なく暮らすことの厳罰化

前節までの議論が正しければ、許可なく暮らすことは、軽微な交通法に違反した人とのアナロジーで捉えられるべきである。わたしたちは、大通りで駐車違反することを、正しいことだとは決して考えていないが、拘禁施設に身体を拘束されるほど厳しく罰せられるべきものとも考えていない。だが、各国の入国管理政策においては、とりわけ二〇〇〇年代以降、許可なく暮らす人びとは、以前よりも厳格に取締られ、収容され、送還されるようになってきている[48]。以下では、許可なく暮らすことの厳罰化が進む要因を、制裁がもつ二つの社会的機能（抑止・威嚇効果、道徳的非難）に着目することで明らかにしたい。

（1）抑止・威嚇効果

許可なく暮らすことの厳罰化の背景として第一に、刑法と入管法の双方の領域において、制裁がもつ抑止・威嚇効果に関心が向けられるようになってきたことがあげられる。まず刑法に関して述べれば、制裁（刑事罰）の目的以前はルール違反者の矯正に力点があるものと以前は理解されていた。だが近年では、刑事罰の主たる目的は、ルール違反者を厳しく処罰することによって、他の人びと威嚇し、犯罪を抑止することだと理解されるようになってきた[49]。入管法における制裁は、許可なく暮らす人びとを収容施設に拘束し、国籍国に送還することである。収容・送還は、今日では刑法における制裁と同様に、ルール違反者に厳罰を課すことで、他の人びとを威嚇しさらなる違反を抑止することを目的として運用されるようになってきている[50]。

しかしながら、ルール違反者に厳罰を課すことが、目論見通りにさらなるルール違反者発生の抑止になるかは疑問である。収容・送還の厳格化の抑止効果についての諸外国の実証的研究では、厳罰化が新たに入国を試みる人の数を減少させるという証拠はこれまでのところ示されていない[51]。たとえば、政治学者のトム・ウォンによれば、国際的に広く報じられたトランプ政権下での親子分離収容措置について、アメリカへの入国を試みる人の数を減少させる抑止効果は統計的に有意な仕方では認められない[52]。

(2)道徳的非難

制裁には期待されたほどの抑止・威嚇効果はない。それにもかかわらず、多くの国で制裁の厳罰化が進んでいるのはなぜなのだろうか。この点を理解するうえで鍵となるのが、制裁がもつ、ルール違反者に対する道徳的非難の表明という社会的機能である[53]。駐車違反に対して課されるような比較的低額な罰金と、拘禁施設における身体の拘束とでは、そこに込められる道徳的な非難の程度は異なる。拘禁施設への収容は特に大きな非難の意味をもち、収容者にスティグマを付与する[54]。

制裁の厳罰化が進行する要因の一つとして、制裁による非難の表明をすることが政治家にとって魅力的な選択肢であることが指摘できる。上述のように制裁を厳格化することでルール違反者をコントロールできるかは疑わしい。しかしながら政治家は、ルール違反者の抑止に関心があることを有権者に示す必要がある。そのため、たとえ効果がなかったとしても、ルール違反に対する制裁を厳格化することで、ルール違反者への非難を表明することは政治家にとって魅力的な選択肢となる[55]。

しかしながら、制裁の厳格化によってなされる受け入れ国の人びとからの道徳的非難は、許可なく暮らす人びとには不当なものである。カレンズが論じるように、許可なく暮らすことは道徳的に悪いことではない。そうであるにもかかわらず、許可なく暮らす人びとは、「不法残留者」や「不法就労者」というラベルが貼られ収容施設において身体が拘束されることで、社会から逸脱した、排除がふさわしい存在として、受け入れ国の多数派にステレオタイプ化されてしまう(56)。

その結果「不法性」というラベルは、包摂がふさわしい人と排除がふさわしい人とを区別する意味も伴うようになる(57)。この区別は、「不法な」行為が厳格に取り締まられる光景がメディアを通じて日常的に映し出され、受け入れ国の多数派の間で繰り返し確認されることを通じてより、強固なものになっていく(58)。このプロセスにおいて重要なのは、違反それ自体の深刻さではなく、違反者が誰かである(59)。厳格な取締りの光景が共有されることで、包摂されるべき「われわれ」と排除がふさわしい「他者」との境界は維持・強化されていく。高谷が指摘するように、在留許可を求める人びとの訴えと抵抗でさえ、この境界生成のポリティクスから逃れることはできない。誰の在留が許可され、誰が不許可になるかは、「われわれ」と「他者」との区別に不可避的に関わるからである(60)。

「不法」というラベルが貼られた人びとは、排除がふさわしい存在としてステレオタイプ化される。ラベルを貼られた人びとは、集計化され標準化されたクリアカットなカテゴリーに基づいてイメージされるようになる(61)。その結果、第二章や第五章で示されたような、許可なく暮らす人びと一人一人のライフストーリーは不可視化されてしまう。多数派は、「不法残留者」や「不法就労」というラベルを貼ることで、許可なく暮らす人びとの個別の事情に目を向けることなく、彼・彼女らを収容・送還にふさわしい存在として連想する。[62]

「不法」というラベルは、許可なく暮らす人びとの苦痛に多数派の目を向けにくくさせる効果さえもつ。本書の議論から明らかなように、許可なく暮らすことの厳罰化は、許可なく暮らす人びとに多大な苦痛を与え、死に追いやることさえある。それにもかかわらず、これらの苦痛が、行政による制裁の厳罰化によって生じたものであるという事実は、法の一見したところの中立的な外見によって隠蔽されてしまう。[63] その結果、「不法残留者」や「不法就労者」が被った苦痛は、当人が自ら招いたものと理解されてしまうことになる（第四章も参照）。[64]

4　どんな政策を目指すべきなのか――カレンズをこえて考える

前節の冒頭で述べたように、カレンズの国境開放論証は、現実の国家における入国管理の執行のされ方を何も論じていない。国境開放論証は確かに、わたしたちの規範的な想像力を喚起し、これまでは見落とされてきた国家による不正な慣行の存在をわたしたちに教えてくれる。[65] だが、わたしたちは、入国管理の根本的な正当性だけではなく、入管当局による日々の決定と行為の影響にも重大な関心をもっているはずである。[66] 実際、ウィシュマさんの事件において問題になったのは、彼女の収容を継続した入管の判断の妥当性であった。

カレンズの議論は、入管法が定める居住や就労のルールに違反した人びとに対する取締りや収容、強制送還についてどのような含意をもつのだろうか。許可なく暮らすことが道徳的に悪いことでないとすれば、居住や就労のルールに違反した人は罰せられるべきなのだろうか。もし罰せられるべきだとして、それはどのような仕方であるべきなのだろうか。これらはいずれも入管法の執行のされ方に関する問いである。[67] だが、カレンズ自身は、ルールに違反した人びとの取締り、収容、強制送還については論じていない。本稿の最後に、カレンズの議論をのりこえて、彼の議論が入管法の執行に対してもつ含意についての筆者の見解を素描したい。

本章の議論から次の議論の手がかりとなるのは第一節の最後で確認した入管法と交通法のアナロジーである。このアナロジーを念頭に置くと、次の三つの含意を導くことができる。第一に、駐車違反者を罰することが円滑な道路交通の実現という妥当な目標の下に正当化されうるのと同じように、居住や就労に関わる入管法上のルール違反者を罰することも、それによって目指される公共政策上の目標が妥当なものであれば正当化されうる。この点はすでに述べた通りである。

第二に、たとえ違反者が罰せられる場合であっても、罰として課される制裁は、「比例原理 proportionality principle」に適合するものでなければならない。比例原理は、行政法に起源をもつ考え方であり、罰として課される制裁が、何らかの妥当な行政目標を実現するうえで（1）有効かつ、（2）必要最小限度であり、（3）特定の個人に過度な負担を課すものではないことを要請する。[68]

比例原理を理解するために、駐車違反に対する罰則を例に考えてみよう。いま駐車違反の罰則を厳格化し違反者を拘禁施設に拘束するという提案がなされたとする。この提案をわたしたちは受け容れられるだろうか。確かに、厳罰化で違反の数は激減するだろう。したがって、厳罰化は円滑な道路通行を実現するという行政目標を実現するうえでは有効である（1）。だが、駐車違反を減らすためにここまでの厳罰化は必要ない。罰金額を引き上げるだけでおそらく十分である。そのため、身体の拘束を伴う厳罰化は必要最小限度とはいえない（2）。さらに、一人一人の違反者は道路通行にごくわずかな影響しか与えていない。そのため、円滑な道路通行の実現という目標と、身体の拘束は明らかに釣り合い（proportionality）を欠いており、厳罰化は過度な負担を個人に課す（3）。したがって、比例原理に照らせばこの提案は退けられるべきである。以上の推論は、わたしたちの日常的な理解に沿ったものだろう。

交通法のアナロジーを念頭に置けば、わたしたちが駐車違反への制裁について比例原理を受け容れるならば、入管法上のルール違反に対する制裁についても比例原理は適用されるべきである。

第三に、居住や就労に関わる入管法上のルール違反への制裁として、収容施設における身体の拘束はなされるべきではない。また、ルール違反者を「不法」と名指すこともされるべきではない。これは、いま述べた比例原理から次のようにして導かれる。

すでに述べたように、許可なく暮らす人びとは、以前よりも厳格に取締られ、収容され、送還されるようになってきている。その結果、入管施設に収容される人も増加している。比例原理の観点からこの厳罰化を考えてみよう。入管法上のルールの執行によって目指されうる公共政策上の目標は様々だが、ここでは議論のために何らかの妥当な目標があることを仮定しよう。

入国管理における制裁の厳罰化に目論み通りの抑止効果があるという証拠はないことはすでに述べた（二三六 - 七頁）。だが、厳罰化が、国境を越える人の移動の数を抑制するうえで一定の効果をもつことは否定できない（1）。

また厳罰化が当の目標を実現するうえで最小限度のものかは目標と具体的な状況によって異なるため、一般論としては論じることは厳密にはできない。だが、ほとんどの場合において、収容施設に拘束すること以外にも多くの政策選択肢がある（諸外国には「収容代替措置（ATD）」だけでも多くの実施例がある[69]）ため、身体拘束は最小限度の制裁とはいえないだろう（2）。

本稿で焦点をあてたいのは、政策目標と、厳罰化による身体の拘束との間との釣り合いである。第二節でミラーが指摘していたように、入管政策において問題になるのは、ある一人が入国した際の帰結ではなく、大勢の人びとが入国した際の帰結であることが多い。この場合には、一人一人の違反者は、入管法上のルール違反の厳罰化によって目指される公共政策上の目標の実現にごくわずかな影響しか与えていない。そうであるならば、入管法上のルール違反に対して身体を拘束することは、目標との釣り合いを欠いている（3）。

ここで収容施設における身体の拘束は対象となる個人に多大な負担を課すことを改めて強調しておきたい。入管収容は、医療放置や職員からの暴行への脆弱性を高めるため、身体的な苦痛を伴いやすい。さらに、収容は心理的にも多大な負荷が多くの実証研究で指摘されている。メタ分析（網羅的・体系的な研究レビュー）によれば、入管収容施設の収容者は、不安、うつ、心的外傷後ストレス障害を抱える高いリスクに晒されている。このリスクは長期間の収容でなくても存在し、たとえ二〇日間に満たない期間の収容でも精神衛生上の悪影響が生じることが報告されている(70)。

それだけではない。前節で述べたように、許可なく暮らす人びとは、「不法性」のラベルを貼られ収容施設において身体が拘束されることによって、排除がふさわしい存在として受け入れ国の多数派によってステレオタイプ化される。その結果、彼・彼女らの個別の事情は顧みられることなく、取締まりのプロセスで被った苦痛は当人が招いたものと理解されるようになってしまう(71)。

入管法上のルール違反に対する厳罰化の影響を被るのは、実際に収容された人だけではないことにも注意が必要である。本書の第一章や第二章でもみたように、許可なく暮らす人びとは、収容されていなかったとしても、送還による追放可能性に絶えず晒されることで、身体的・精神的な苦痛に直面する。さらに、居住・就労の合法的な資格を実際には有しているにもかかわらず、「不法」な存在と多数派からみなされる人まで影響を被る。収容の対象と多数派からみなされる人びとは、一つの社会集団として劣位の地位に置かれてしまうのだ(72)。

以上からわかるように、収容施設における身体の拘束は、「不法」とみなされる社会集団の成員が多数派から受ける取り扱いに極めて深刻な影響を生じさせる。こうした極めて深刻な負担は、比例原理の観点からは政策目標と釣り合いがとれないものである。カレンズはわたしたちは駐車違反やスピード違反をする人を「不法運転手」とは呼ばないことに注意を向けている(73)。

これと同じように、わたしたちは許可なく暮らす人びとを「不法」と名指すべきではない。また、駐車違反やスピード違反で刑務所に拘束することがないのと同じように、入管法上のルール違反者の身体は拘束するべきではない。

身体拘束はたとえ短期間でも認められるべきではないことは強調しておきたい[74]。第五章で指摘されていたように、ドイツやフランスは運用上の収容期間が比較的短期間である。だが、すでに述べたように身体を拘束される対象であるとみなされること自体が、スティグマを生じさせ、受け入れ国の多数派から不当な取り扱いを被る可能性を高める。したがって、許可なく暮らすことに対する事実上の制裁としての入管収容は期間にかかわらずすべて廃止されるべきである。

この議論は、国境管理の廃止を求めるものでは**ない**ことに注意してほしい。本章の議論は、比例原理を満たす仕方であれば、入国管理のルールに違反した人に制裁を加えることを認めている。そのため、身体拘束を伴わない仕方での罰則のあり方を、妥当な政策目標それぞれについて個別に検討していく必要があるだろう[75]。

許可なく暮らすことは悪いことではないというカレンズの結論は、居住および就労資格の合法化（正規化）についても重要な含意を有している[76]。第六章でも言及されていたリンダ・ボスニアクは、これまでの合法化の議論では、滞在期間が長い人ほど合法化の資格があることが広く認められてきた一方で、許可なく暮らすことは悪いことであるという前提が置かれてきたと指摘している[77]。そのため合法的な資格は受け入れ国の政府に「恩赦 amnesty」を請うことにより取得されるものとされてきた。だが、悪いことではないとすれば、合法的な資格は、（第六章で示された、人道から区別される）権利として要求されるものになる。[78]

さらに、カレンズの結論は、許可なく暮らす人びとによる抵抗にも含意がある。本稿のこれまでの議論にしたがえば、収容措置に反対して行われるシットインやハンガー・ストライキは、入管法上のルール違反者の身体を拘束するという当局の不正な行為に対する抗議運動となる。したがって、抵抗する人びとはルール違反を廉に非難されるべきではない。それどころか、そうした抵抗は、より正義に適った制度を求める行為であり、特にそれが同じ境遇にある別の人びとのためになされる場合には、より積極的に正当化されるだろう。[79]

富裕な受け入れ国では、許可なく暮らす人びとを支援する市民に対して厳罰を課す動きが増大している。[80]だが許可なく暮らす人びとが悪いことでないとすれば、支援者を罰することは正当化されない。それればかりか、支援者が入管当局の取締りに抵抗することは規範的に望ましいとさえ言えるかもしれない。[81]そうした抵抗の手段には、経済・社会的領域における諸々の権利を実効的に行使できるように、サービス提供者から入管当局に情報が渡されることを遮断する法的なファイアウォールを確立することも含まれるだろう。[82]

政治理論の役割のひとつは、わたしたちの規範的な想像力を喚起し、これまでは見落とされてきた国家による不正な慣行の存在をわたしたちに教えてくれることである。本稿がそうした役割を担い、現在の入国管理のあり方を根底から問い直すきっかけになれば幸いである。

注

（1）本書における「無登録移民」の定義は本書の「はじめに」を参照。犯罪イメージとの結びつけについては、本書の第一章、第二章、髙谷（二〇一七：四章）を参照。
（2）本書の「はじめに」で述べられたように、「そもそも」論を深く考察することが本書全体の主題である。
（3）Carens（1992: 27; 2013: 227）
（4）Carens（1992: 27-8); Oberman（2016: 35）
（5）Oberman（2016: 37）
（6）Carens（2013: 227-8）
（7）本稿では、カレンズが示した四つのシナリオから二つを選んで紹介している。シナリオの内容も筆者が変更を加えている。第一のシナリオにおいて言及したパンデミックにはカレンズは言及していないが、アフターコロナの状況下に生きるわたしたちにとって理解しやすい例である。Sager（2022）を参照。
（8）なお、公衆衛生を根拠とする移動制限が正当化されるためには、証拠提示だけでなく、最終節で述べる比例原理も充たさなければならない。
（9）この責任は、あなたが当局の決定に不服があるときは裁判所のような独立したフォーラムがあり、そこで当局が適切な証拠を有しているかが審査されることが制度的に保障されていることで果たされる（Carens 2013: 252)。
（10）(ibid.: 251-2)
（11）(ibid.: 252)
（12）(ibid.: 279)
（13）(ibid.: 237f.)。カレンズはこうした論証の仕方をミラーに倣い「片持ち梁戦略 cantilever strategy」と呼んでいる（ibid.: 238)。
（14）ibid.: 252
（15）本項の議論は岸見（二〇一四a：二五）、岸見（二〇一八：一六七－八）の議論を加筆修正したものである。

（16）Carens（2013: 232-3）

（17）ibid.: 226-7

（18）〈国家権力による人間の自由の制限には道徳的正当化が要請される〉という考えは、リベラリズムの根本的なテーゼであり、現代の民主主義諸国の憲法規範にはこの考え方が反映されている。このテーゼは、カレンズを批判するミラーも含めて、ほとんどの政治理論家が支持するものである（Miller 2010）。

（19）Carens（2013: 227）。引用中の〔　〕内は引用者。

（20）Carens（2013: 236）

（21）ibid.: 228, 229

（22）Carens（1987; 1992; 2013）

（23）Carens（2013: 232）

（24）Carens（2013: 226); cf.（1987: 252）

（25）Carens（2013: 295); 岸見（二〇一四ａ; 二〇一八：一六九）

（26）Carens（2013: 155); 高谷（二〇一七：二八 - 九）

（27）Carens（2013: 155）。引用中の〔　〕内は引用者。

（28）Wendt（2018: 7-9）

（29）本文で述べた法の権威の捉え方の説明は、横濱竜也によるスコット・シャピーロの議論の紹介を参考にした（横濱 二〇一六：六一 - 六二、六三 - 六四）。

（30）ただし、他の理由がない場合には悪法であっても遵守する道徳的な義務（ある程度の義務（*pro tanto* duty））があることは多くの論者が認めている（e.g. 横濱 2016: 16-7; Benett and Brownee 2021: 289-290）。権威論についての論争状況は Wendt（2018）を参照。遵法義務論については横濱（二〇一六）が詳しい。さらに、従来の議論は、その国家に居住する国民だけを射程になされてきたことにも注意が必要である。従来の議論で用いられてきた理論を、国籍を持たない人に対して単純に適用することはできないだろう

(Miller 2021: 3)。移住者に対する法の権威の主張を正当化するためには新たな理論を構築する必要があるが、挙証責任はカレンズへの反論を提起する側が負っている。移住者やその支援者が、移住先の国家が定める入管法に服従する義務がどの位あるかについての議論の概観は、Hidalgo（2019）と Miller（2021）を参照。

（31）岸見（二〇一四b）

（32）永吉（二〇二〇：一三五－一四三）。永吉は、犯罪率と経済的な不安定性との間に高い相関がある可能性を指摘している。許可なく暮らす人びとは、その存在が違法化されているために経済的に不安定であるかもしれない。その場合には、そうした人びとは入国管理によって犯罪を引き起こしやすい状況に置かれていると言えるだろう。

（33）これは錯誤相関と呼ばれるバイアスである（北村ほか二〇一八：一一；藤田二〇二一：一二四以下）。

（34）永吉（二〇二〇：一四二－三）

（35）これはカレンズの議論に対するキャロル・スウェインのコメントである（カレンズ二〇一七：五五）。

（36）経済学において移住者の増加が与える影響について定まった見解はないか、少なくとも論争的である（ボージャス二〇一七；秋吉二〇二〇：二章）。

（37）許可なく暮らすことは、不法侵入とのアナロジーで理解されることもある（Miller 2010; 2016: 74-5; 岸見二〇一四a: 一二四九－一二五〇）。このアナロジーは、国家が、私的個人と同様な排他的な領土権を有するといえるかという点で疑問の余地があるが、領土権についての議論は本稿では扱うことはできない。だが、不法侵入のアナロジーは、入国管理の問題を不法侵入という私人間の問題と類比することによって、入国・滞在・就労を違法化しているのは国家であることを不可視化させる効果をもつ点において問題であると筆者は考えている（この点は宮井健志氏とのやりとりから示唆を受けた）。第三節で述べるように、国家は、許可なく暮らすことを違法化し、許可なく暮らす人びとに〈不法性〉のラベルを貼りスティグマ化している。

（38）Miller（2016: 41）

（39）Miller (2016: 62)。ただし自己決定は、普遍的な人権による制約をうける（ibid.）。
（40）ibid.: 61-2
（41）ibid.: 62
（42）ibid.
（43）Carens (2013: 271-2)
（44）Carens (2013: ch.12.)。ただしカレンズは、許可なく暮らす人びとが大量にいることが安全保障上の脅威になるという証拠が存在するとは考えていない（ibid. 276）。
（45）実は、ミラーも証拠の提示の重要性は認めている（Miller 2021a: 8n15）。だが彼は次のようにさらなる反論を提示している。自己決定においては、特定の構成の集団であることには価値がある。そのため、新たな移住者の受け入れによって政治的共同体の成員の構成が変わってしまうこと自体が問題である。(Miller 2021b: 169)。ミラーのこの議論は、第三節で論じるような、入管法の取締りが社会カテゴリーを生成させわたしたちの社会集団の想像の仕方に重要な影響を与えているという事実を、看過している点で問題である。この点について筆者は別の場所で詳しく論じる予定である。Jagger（2020）も参照。
（46）「国境開放論証 open border argument」というカレンズ自身が与えた名称は、なされるべき政策についての主張であるとの誤解を招きやすく、彼の議論の焦点があくまでも国境を越える移動の自由の制限が正当化されるべきかという規範的評価の次元にあることを曖昧にしてしまっている。
（47）この点について詳しくは岸見（二〇一四ａ）、岸見（二〇一八：四章）を参照。
（48）Hernandez (2014); Bosworth (2019)
（49）浜井（二〇〇九）
（50）Stumpf (2006: 402f.); Bosworth et al.（2014）; Bosworth et al.（2018）
（51）Sampson（2015); Rosina (2019); Ryo（2019）
（52）Wong（2018）
（53）Stumpf (2006: 409f); ファインバーグ（二〇一八）。佐伯仁志は、道徳的非難の要素は、行政制裁においても刑罰と同様に存在すると指摘している（二〇〇九：一八）。行政制裁と刑罰との関係については坂東雄介氏から知見を得た（記述内容の責任は筆者にある）。
（54）ファインバーグ（二〇一八：四九二）。収容者のスティグマ化については第四章も参照。
（55）Stumpf (2006: 413)
（56）Stumpf (2006: 418); Dauvergne（2008: 17-8); Anderson（2013); De Genova（2013); 髙谷（二〇一七：二八以下、一二二以下）
（57）さらに、不法性というラベルは、国籍をもつ人びとにも同時に適用されている。その結果、国籍をもつ人びとのなかにおいても、排除がふさわしいとイメージされる集団がつくりだされている（Stumpf 2006: 418; Anderson 2013; 柴田二〇二一）。
（58）De Genova（2013)
（59）Bosworth et al.（2018: 43)
（60）髙谷（二〇一七：三八－九）
（61）Zetter（1991: 14）4; Sager（2020: 100)
（62）Stumpf (2006: 419)
（63）Zetter（1991); 岡野（二〇〇二：七五）
（64）自己責任を強調する言説は日本でも根強い。収容問題を審議した「収容・送還に関する専門部会」の報告書には「収容の長期化は，国の強制によるものではなく、被収容者が……本邦における在留の許可を求めることを選択したという自己決定の結果」だという、ある委員の見解が記載されている（第七次出入国管理政策懇談会二〇二〇：四三）。
（65）Carens（2013: 232, 295-6)。この点については、岸見（二〇一四ａ）および（二〇一八：四章）で詳しく論じた。
（66）Sager（2017: 43)
（67）この課題は多くの論者に共有されている。政治理論において、入国管理の執行のされ方に焦点をあてた研究は二〇一〇年代後半から急速に増加している。概観として Lister（2020）を参照。
（68）比例原理については須藤（二〇一〇）が詳しい。入管法における比例原理を述べたものとして特に次を参照（Schotel 2013: 175; 近藤二〇一五; 坂東二〇二二: 六三）
（69）Bosworth（2018）
（70）von Werthern et al.（2018）
（71）Reed-Sandoval（2020）; Sager（2020: ch.1）
（72）Reed-Sandoval（2020: 36-7）。アメリカの二つの入管収容施設を対象としたある調査では、収容者のおよそ一％がアメリカ国籍を保持していたという（Wong 2015: 120）。
（73）Carens（2013: 155）
（74）他方で、結論の立場は、入管による収容と送還において、刑事手続きにおいてと同様の司法審査の導入だけを求める、より穏当な立場とも区別される（Song 2022）。
（75）本文では言及できなかったが収容代替措置（ＡＴＤ）の可能性を追求していくことは重要である。だが、ＧＰＳの装着については、精神的なストレスや、かかとにブレスレットを装着することには犯罪者としてのスティグマ化が伴うという指摘がある。また、コミュニティ収容に対しても収容施設と同様の精神的衛生上のリスクが指摘されている（Bosworth 2018）。したがってＡＴＤが比例原理を満たすものであるかは慎重な検討が必要である。
（76）資格の合法化についてはカレンズ自身も論じているが、彼の議論は国境開放論証の結論をふまえたものではない（Carens 2013: ch.7; カレンズ二〇一七）。カレンズが異なる前提にもとづいた議論を意図的に提示していることの方法論的な背景については岸見（二〇一四ａ）および（二〇一八：四章）を参照。
（77）Bosniak（2016: 196）
（78）Bosniak（2020: 64）。ただし、合法化がどのような条件で認められるべきかは本稿では提示できない。
（79）無登録移民による抵抗のなかにはガンディーやキング牧師、政治思想家のロールズ、アーレントらが論じる「市民的不服従 civil disobedience」として正当化されるものがある（ショイアマン二〇二二：二五八）。

（80）たとえばフランスでは、アルプス山中でイタリアから入国した無登録移民を救助した男性が二〇一九年に有罪判決を受けている（大嶋 二〇二〇；cf. Delmas 2018: 142）。日本の場合、入国や滞在の幇助行為に対する罰則はない。だが、就労に関して、二〇〇四年に「不法就労助長罪」の罰金上限が一〇〇万円引き上げられ、二〇〇九年の在留カード導入に伴い、雇用者はカード確認などの注意義務を尽くさない場合に処罰されるようになった。

（81）Sager（2020: 96-7）は、Delmas（2018）に依拠して、無登録移民を支援するための市民による抵抗は市民的不服従として正当化されると主張している。日本では、一九八〇年代の旧外国人登録法の指紋押捺拒否運動は、在日韓国・朝鮮人だけでなく自治体職員らの多くの支援者が参加した。寺谷（二〇〇四：四章）は、この運動における当事者と支援者による抵抗は市民的不服従として正当化されると指摘している。

（82）Bosniak（2020）。法的なファイアーウォールの主張はカレンズもしているが、現状で実現可能な次善の策として提示しているだけである（Carens 2013: 133, 296）。日本の無登録移民にとっての法的なファイアーウォールが二〇〇〇年代半ば以降に後退したことについて、第二章を参照。

参考文献

Anderson, Bridget, 2013, *Us & Them?: The Dangerous Politics of Immigration Control*. Oxford University Press.

坂東雄介、二〇二二「退去強制令書の執行に伴う収容と仮放免 —— 裁判例の分析を通じて」『商学討究』七二（四）、四九 - 七八頁。

Bennett, Christopher and Brownlee, Kimberley, 2021, 'Punishment and Civil Disobedience', in W. E. Scheuerman（ed.）, *The Cambridge Companion to Civil Disobedience*. Cambridge Univ Press, pp. 280–309.

ボージャス、ジョージ、二〇一七『移民の政治経済学』岩本正明訳、白水社。

Bosniak, Linda, 2016, 'Wrongs, Rights and Regularization', *Moral Philosophy and Politics*, 3 (2), pp. 187–222.

Bosniak, Linda, 2020, 'Territorial Presence as a Ground for Claims: Some Reflections', *Etikk i Praksis*, 14(2), pp. 53–70.
Bosworth, Mary , 2018, 'Alternatives to Immigration Detention: A Literature Review', Centre for Criminology, University of Oxford, https://ssrn.com/abstract=3299532 1
Bosworth, Mary, Franko, Katja and Pickering, Sharon, 2018, 'Punishment, Globalization and Migration Control: "Get Them the Hell out of Here"', *Punishment and Society*, 20(1), pp. 34–53.
Bosworth, Mary and Turnbull, Sarah, 2014, 'Migration Detention, Punishment, and the Criminalization of Migration', in S. Pickering and J. Ham (eds.), *The Routledge Handbook on Crime and International Migration*. Routledge, pp. 91–106.
Carens, Joseph H.,1987, 'Aliens and Citizens: The Case for Open Borders', *The Review of Politics*, pp. 251–73.
Carens, Joseph H., 1992, 'Migration and Morality: A Liberal Egalitarian Perspective', in B. Barry and R. E. Goodin (eds.), *Free Movement*. pp. 25–47.
Carens, Joseph H., 2013, *The Ethics of Immigration*. Oxford University Press.
カレンズ、ジョセフ、二〇一七『不法移民はいつ〈不法〉でなくなるのか』横濱竜也訳、白水社。
第七次出入国管理政策懇談会「収容・送還に関する専門部会」（二〇二〇）「報告書『送還忌避・長期収容問題の解決に向けた提言』」https://www.moj.go.jp/isa/policies/policies/nyukan_nyukan41.html（二〇二三年一月一七日閲覧）。
Dauvergne, Catherine, 2008, *Making People Illegal: What Globalization Means for Migration and Law*. Cambridge University Press.
De Genova, Nicholas, 2013, 'Spectacles of Migrant "Illegality": The Scene of Exclusion, the Obscene of Inclusion', *Ethnic and Racial Studies*, 36(7), pp. 1180–98.
Delmas, Candice, 2018, *A Duty to Resist: When Disobedience Should Be Uncivil*. Oxford University Press.
ファインバーグ、ジョエル（二〇一八）「罰の表出的機能」『倫理学と法学の架橋——ファインバーグ論文選』嶋津格・飯田亘介監訳、東信堂。
藤田政博、二〇二一『バイアスとは何か』ちくま新書。

浜井浩一、二〇〇九「グローバル化する厳罰化とポピュリズム」日本犯罪社会学会編『グローバル化する厳罰化とポピュリズム』現代人文社。
Hidalgo, Javier, 2019, 'The Ethics of Resisting Immigration Law', *Philosophy Compass*, 14(12), pp. 1–10.
Jaggar, Alison M., 2020, 'Decolonizing Anglo-American Political Philosophy: The Case of Migration Justice', *Aristotelian Society Supplementary Volume*, 94(1), pp. 87–113.
岸見太一、二〇一四a「J・H・カレンズの移民の倫理学――政治理論における理想と現実の統合の一方法」、『早稲田政治公法研究』、第一〇五号、一七-三三頁。
岸見太一、二〇一四b「移民選別とデモクラシー――法的強制を基準とする境界画定論の検討」、『年報政治学』、二〇一三――II、二五二-二七三頁。
岸見太一、二〇一八、岸見太一「問題を解決する政治理論と人の移動――方法論的考察」、早稲田大学大学院政治学研究科博士論文。
児玉晃一、二〇一九「まず、人間として迎えよ」『世界』二〇一九年一二月号、二〇四-一一頁。
近藤敦、二〇一五「比例原則の根拠と審査内容の比較研究――収容・退去強制の司法審査にみる（国際人権）法の支配」岡田信弘他編『憲法の基底と憲法論』信山社。
Mainwaring, Cetta and Cook, Maria Lorena, 2019, 'Immigration Detention: An Anglo Model', *Migration Studies*, 7(4), pp. 455–76.
Miller, David, 2010, 'Why Immigration Controls Are Not Coercive: A Reply to Arash Abizadeh', *Political Theory*, 38(1), pp. 111–20.
Miller, David, 2016, *Strangers in Our Midst*. Harvard University Press.
Miller, David, 2021a, 'Authority and Immigration', *Political Studies*, Online First. pp. 1–16. https://doi.org/10.1177/00323217211046423
Miller, David, 2021b, 'Controlling Immigration in the Name of Self-Determination', in A. S. Compos and S. Cadilha (eds.), *Sovereignty as Value*. Rowman & Littlefield Publishers.

永吉希久子、二〇二〇『移民と日本社会』中公新書。
岡野八代、二〇〇二『法の政治学――法と正義とフェミニズム』青土社。
大嶋えり子、二〇二〇「フランスの『連帯罪』――非正規移民の支援に対する取り締まり」、エムネット、二一〇号、二八―九頁。
Reed-Sandoval, Amy, 2020, *Socially Undocumented: Identity and Immigration Justice*. Oxford University Press.
Rosina, Matilde, 2019, 'Globalisation and Irregular Migration : Does Deterrence Work ?', in L. S. Talani and R. Roccu (eds.), *The Dark Side of Globalisation*. Paragrave macmillan, pp. 85–120.
Ryo, Emily, 2019, 'Understanding Immigration Detention: Causes, Conditions, and Consequences', *Annual Review of Law and Social Science*, 15 (October), pp. 97–115.
佐伯仁志、二〇〇九『制裁論』有斐閣。
Sager, Alex, 2017, 'Immigration Enforcement and Domination: An Indirect Argument for Much More Open Borders', *Political Research Quarterly*, 70(1), pp. 42–54.
Sager, Alex, 2020, *Against Borders: Why the World Needs Free Movement of People*. Rowman & Littlefield International Ltd.
Sager, Alex, 2022, 'Why Migration Justice Still Requires Open Borders', *Journal of Applied Philosophy*, Online view, https://doi.org/10.1111/japp.12558
Sampson, Robyn, 2015, 'Does Detention Deter?', *International Detention Coalition Briefing Paper*, 2015. April No.1, pp:1-7.
ショイアマン、ウイリアム・E、二〇二二『市民的不服従』森達也監訳、人文書院。
Schotel, Bas, 2013, *On the Right of Exclusion: Law, Ethics and Immigration Policy*. Routledge.
塩野宏、二〇一五『行政法I〔第六版〕』有斐閣。
柴田温比古、二〇二二「リベラルな市民権のゆくえ」『社会学評論』七二（二）：一三五―一四九頁。
出入国在留管理庁、二〇二一「現行入管法上の問題点」、https://www.moj.go.jp/isa/publications/materials/05_00016.html（二〇二二年九月十三日閲覧）。
Song, Sarah, 2022, 'Justice, Collective Self-Determination, and the Ethics of Immigration Control', *Journal of Applied

Philosophy, Early view, https://doi.org/10.1111/japp.12557
Stumpf, Juliet, 2006, 'The Crimmigration Crisis: Immigrants, Crime, and Sovereign Power', *American University Law Review*, 56(2), pp. 367–419.
須藤陽子、二〇一〇『比例原則の現代的意義と機能』法律文化社。
髙谷幸、二〇一七『追放と抵抗のポリティクス』ナカニシヤ出版。
寺谷俊穂、二〇〇四『市民的不服従』風行社。
Turnbull, Sarah, 2017, 'Immigration Detention and Punishment', *Oxford Research Encyclopedia of Criminology and Criminal Justice*, (March 2017), pp. 1–25.
von Werthern, M., Robjant, K., Chui, Z., Schon, R., Ottisova, L., Mason, C. and Katona, C., 2018, 'The Impact of Immigration Detention on Mental Health: A Systematic Review', *BMC Psychiatry*, 18(1), pp. 1–19.
Wendt, Fabian, 2018, *Authority*. Polity.
Wong, Tom K., 2015, *Rights, Deportation, and Detention in the Age of Immigration Control*. Stanford University Press.
Wong Tom K., 2018, 'Do Family Separation and Detention Deter Immigration? ', Center for American Progress, Washington, DC, https://perma.cc/EXR5-7VGL
Woods, Jordan Blair, 2021, 'Traffic Without The Police', *Stanford Law Review*, 73(6), pp. 1471–549.
横濱竜也、二〇一六『遵法責務論』弘文堂。
Yong, Caleb, 2018, 'Justifying Resistance to Immigration Law: The Case of Mere Noncompliance', *Canadian Journal of Law and Jurisprudence*, 31(2), pp. 459–81.
Zetter, Roger, 1991, 'Labelling Refugees : Forming and Transforming a Bureaucratic Identity', *Journal of Refugee Studies*, 4(1), pp. 39–62.
Zetter, Roger, 2007, 'More Labels , Fewer Refugees : Remaking the Refugee Label in an Era of Globalization', *Journal of Refugee Studies*, 20(2), pp. 172–92.

【謝辞】本論文はJSPS科研費（19K12937）、（22K12957）の助成を受けたものです。草稿段階において、本書の共著者、坂東雄介氏、宮井健志氏から多くの知見を得ることができました。また、オンライン政治理論研究会で発表した際には参加者の方々から有益なコメントをいただきました。記して感謝します。

おわりに——無登録移民が「社会的に生きられる」社会へ[1]

稲葉奈々子

二〇二三年一月二三日から開催の通常国会で、二一年五月に撤回された移民法改定案が再提出された。二一年の法案撤回には、無登録移民とかれらを支援する市民による抗議が大きな役割を果たしたことは本書で述べたとおりである。

新型コロナウイルス感染拡大防止のために、入管施設に収容されていた無登録移民の多くが仮放免になり、法案に反対する運動に参加したことで、運動は間違いなく盛り上がった。

無登録移民を担い手とする社会運動は、欧米では頻繁に起きており研究も多い[2]。しかし日本の場合、無登録移民のみならず、いわゆる「ニューカマー」移民については、その権利をめぐる運動一般において、当事者による運動よりも支援運動のほうが活性化している[3]。

1　入管の「復讐」と無登録移民の発言の封殺

仮放免の無登録移民の当事者が、積極的に運動の担い手になれない理由のひとつとして考えられるのは、本書が問題にしてきた行政の自由裁量の幅があまりに広いことであろう。仮放免者が社会運動の担い手となり、公共空間に姿を現すことが、在留許可に否定的な影響を及ぼす可能性を排除できないのである。仮放免者が公の場で入管行政に対して否定的な発言をすることで、入管の「復讐」としての再収容がありえるというのが、支援者の経験則である。事実、誰が、いつ、仮放免されるのか、再収容されるのか、いずれも条件は明らかにされていない。すべてが行政の裁量に委ねられている。

二〇二一年四月から五月にかけて支援団体が組織した国会前での「シットイン」の場で繰り広げられたリレー・トークには、多くの仮放免者が参加した。筆者もその場に居合わせた。ある日、自分たちも発言したいと、数人の仮放免者たちが主催者に申し出た。「もちろん歓迎だが、政府に批判的な発言をすることで、入管に再収容されたり、在留特別許可の認定に不利になったりするかもしれない。そのことは承知しているか。発言しないほうがよいのではないか」と主催者は確認した。事実上、発言を制止されたと感じたのであろう。申し出た当事者は、気色ばんで「なぜ、当たり前の権利を主張したら、収容されるのだ」と問い返してきた。釈然としない様子であった。しかし、結局、当事者たちは発言を控えた。

「入管行政に批判的な発言をしたら、収容されるかもしれない」、というのは憶測にすぎなくとも、現実に政治的な発言や活動を封じるのに十分な効果を持つことは、この例からも明らかである。再収容や在留特別許可のすべてが行政の裁量に委ねられることで、仮放免者が社会運動の担い手になって公共空間に姿を現すことが阻止されている。

2　社会的な死

「政治的に存在しなければ、国民国家という政治社会秩序のなかでは、存在していないのと同じことである」と述べたのは、みずからも移民出身の社会学者アブデルマレク・サヤド(4)である。政治的な存在として認知されなければ、社会的な存在をも否定される、とサヤドは論じる。実際、マイノリティは発言しても顧みられることがないし、そもそも発言の場そのものが、与えられてこなかった。新聞や雑誌、テレビなどマスコミの媒体で、意見を求められ、発言の機会が与えられるのは、多くの場合、「有識者」である。誰の意見が「徳くに値する」か、誰の発言に「正統性」があるか、これらの判断にあたっては、本書で議論したように、認識的不正義が作用する。その結果、公共空間で発言する機会は、平等に配分されないのである。

3 公共空間に姿を現す無登録移民

再収容は入管の裁量で決まるため、仮放免者の公共空間での発言にあたっては、細心の注意が必要になる。そのため、集会での発言や、テレビや新聞での証言はもちろん、民間団体のニューズレターの記事であっても、内容が当事者に不利にならないかを、弁護士に確認することになる。つまり用意周到で臨まなければ、公共空間で発言することはできない。発言することになっても、顔を出さずに、本名を伏せることも多い。顔と名前のある個人として発言できない現状は、事実上、公共空間から締め出されているといってよい。

公共空間での発言にあたって注意が必要なのは、難民申請者の場合、日本の入管に対してだけではなく、出身国政府からの弾圧の危険も考慮してのことである。ただし、難民申請をしている仮放免者たちは、日本で、出身国政府に批判的な発言をする以前に、すでに出身国において、それよりもはるかに重大な弾圧の危険を冒す活動をしている。日本で政治的な発言を控えたからといって、出身国政府による弾圧の危険性が小さくなるわけではない。そのように命の危険がある出身国に、強制送還を決定できるのが、入管なのである。当事者が公共空間での発言を控えるとしたら、出身国政府よりは、何よりもまず日本の入管を意識してのことである。

公共空間で発言しても顧みてもらえないマイノリティたちが、みずからの声を社会に聴いてもらう手段は、「秩序の攪乱」以外にない。そのように述べるのは、アメリカの貧困者の社会運動を研究するピヴンとクロワード[5]だが、無登録移民も同様である。「日本に存在しないことになっている」のだから、ルールに従って待っていても、仮放免者には永遠に発言の順番は回ってこないのだ。

本書で紹介したように、入管施設内での抗議行動による「秩序の攪乱」によって、処遇の運用が変更されたり、仮放免許可を得られたりすることもある。一時的とはいえ、マイノリティが力関係上、主権に対して相対的に優位に立つことを可能にする。

一方で入管による「懲罰」や「復讐」を回避する必要がある。そのため、仮放免者を「保護」するために、発言の内容や、姿の見せ方まで支援者が管理せねばならない。つまり仮放免者には「秩序の攪乱」すら許されていない。弁護士に発言内容を確認してもらった上での、顔を出さない匿名での仮放免者の発言は、制度の枠内で許された行為である。国家主権にとっては、「想定の範囲内」である。秩序は維持されたままであり、政府が対応を迫られることもないため、無視され、放置されるだけである。

4　社会的存在の再生から政治的存在へ

筆者がインタビューした仮放免者のなかで、難民条約を批准している国ならば、行き先はどこでもよかった、という人は少なくなかった。たまたま、もっともはやくビザを発行してくれたのが日本だった。できるだけはやく出国することが優先であり、まさか、自分の難民認定が却下されるとは夢にも思わず、迷わず日本に来たのであった。

そのなかのひとりポポロは、出身国の人権擁護団体で弁護士として活動するなかで、政府の弾圧にあい、着の身着のままで出国した。日本に到着して、「これで助かった」と、どれだけ安堵したか、その日のことを振り返って、「心底ほっとしたことを覚えている」と語ってくれた。

ところが、難民申請を支援してくれる民間団体を訪問して、当面の「宿泊先」として紹介されたのは、近所の公園だった。「ベンチと水とトイレがあるから」と。民間団体が十分な数のシェルターを持っているわけではないし、ホテル代を支払い続けることもできない。どの支援団体であっても、対応は同じだったであろう。しかし、政治的な存在どころか、社会的な存在すらも否定されたつらさは、想像を絶する。ポポロは、公園で野宿生活を送ったときの、惨めさを思い出したのであろう、嗚咽で、あとは言葉にならなかったし、筆者もそれ以上は聞けなかった。ポポロはその後三年近く入管に収容された。

入管施設は、無登録移民に、政治的にはもちろん、社会的な存在たることも許さない。そのようななかで、外の社会に向けて発信し続ける無登録移民がいることは、本書で紹介したとおりである。社会的に存在しようとする無登録移民たちの声に応える市民が、かれらを政治的な存在として公共空間に出現させたのが冒頭の国会前でのシットインであった。

ポポロが、二〇二〇年六月に仮放免になったとき、日本社会は新型コロナウイルス感染拡大防止対策で一変していた。生活困窮者支援の裾野が広がり、民間団体が仮放免者に対しても住居や食料の支援を、限定的ではあるができるようになっていた。ポポロも、民間団体のシェルターに入居し、ボランティア活動に従事している。冒頭で言及したサヤドは、政治的存在の否定を社会的な死として捉えているが、社会的に生きることができれば、それが政治的な生として結実して、入管制度の変更につながる政治的な力を形成することもありえる。

無登録移民の背後にある、かれらを支援する市民の分厚い存在が、シットインなどの具体的な行動で顕在化すれば、公共空間で顔を出して実名で発言する無登録移民に対して、入管が再収容という「復讐」に訴えることは難しくなるだろう。本書がその一助となることが筆者らの願いである。

注

（1）本章の記述は、二〇二〇年四月以降の入管法改定に反対する市民運動における筆者による参与観察および無登録移民に対して実施したインタビュー調査に基づいている。本章に登場する無登録移民は仮名である。

（2）Nicholls & Uitermark (2016)

（3）Shipper (2008)

（4）Sayad (2006)

（5）Piven & Cloward (1979)

参考文献

Nicholls, Walter J. & Justus Uitermark, 2016, *Cities and Social Movements: Immigrant Rights Activism in the US, France, and the Netherlands, 1970-2015*, Wiley-Blackwell.

Piven, Frances Fox & Richard A. Cloward, 1979, *Poor People's Movements: Why They Succeed, How They Fail*, Vintage Books.

Sayad, Abdelmalek, 2006, *L'immigration ou les paradoxes de l'altérité : 2. Les enfants illégitimes*, Éditions Raisons d'Agir.

Shipper, Apichai W., 2008, *Fighting for Foreigners: Immigration and Its Impact on Japanese Democracy*, Cornell University Press.

あとがき

本書はそもそも二〇二一年の入管法改定案に反対する運動に加勢する目的で企画された。法案は、二〇二一年五月に取り下げられ、二一年の衆院解散で廃案となった。市民社会による反対運動の盛り上がりから、参院選への影響を危惧して、二〇二二年の通常国会への再提出も見送られたことで、筆者らと編集者で内容についての議論を積み重ねる時間ができた。しかし、お互いの原稿を読み合って議論すればするほど、入国管理の非人道的な制度が正統化されるメカニズムについての疑問が尽きることなく、原稿を完成させるまでにたいへんな時間を要してしまった。二〇二三年の通常国会に、ほぼ同じ内容で法案が再提出されることが確実とされ、いつまでも机上で議論し続ける猶予はなく、この段階で世に問うことを決めた。議論に未熟な点があることは承知しており、読者からの忌憚ない意見を請うとともに、それが公共空間で入管問題を議論し、無登録移民の人権保障につながる実践が生まれる場になることを願う。

いつまでたっても議論が終わらず、脱稿しない筆者らに辛抱強くつきあってくださった人文書院の浦田千紘さんと青木拓哉さんの支えがなければ、本書が日の目を見ることはなかった。心からお礼を申し上げる。また、多くの無登録移民の皆さんが、本書のもとになった研究のための調査に協力してくださった。皆さんのお名前をあげることができず、忸怩たる思いだが、心からの感謝を伝えたい。そして、本書によって無登録移民の側に立つ市民が、ひとりでも増えるなら、望外の喜びである。

二〇二三年二月末

筆者一同

追記
二〇二三年六月六日現在、参議院で審議中の入管法改定案に対して市民社会からの抵抗が続いている。

著者略歴

岸見太一（きしみ　たいち）　【担当：はじめに、第 4 章、第 7 章】

福島大学行政政策学類准教授。専門は政治学・現代政治理論。主な論文に「外国人労働者の一時的な受け入れはどんなときに不正になるのか」（『思想』2020 年 7 月号、同論文で第 14 回社会倫理研究奨励賞受賞）、「外国人労働者一時的受け入れ制度の政治理論 —— M・ルースの正当化論の批判的検討」（『年報政治学』2021–II）など。

髙谷幸（たかや　さち）【担当：はじめに、第 1 章、第 3 章、第 6 章、コラム】

東京大学大学院人文社会系研究科准教授。専門は社会学・移民研究。著書に『追放と抵抗のポリティクス —— 戦後日本の境界と非正規移民』（ナカニシヤ出版、2017 年）『移民政策とは何か —— 日本の現実から考える』（編著、人文書院、2019 年）『多文化共生の実験室 —— 大阪から考える』（編著、青弓社、2022 年）など。

稲葉奈々子（いなば　ななこ）　【担当：第 2 章、第 5 章、おわりに】

上智大学総合グローバル学部教授。専門は社会学・移民・社会運動研究。著作に、『ニューカマーの世代交代 —— 日本における移民 2 世の時代』（編著、明石書店、2023 年）、『国境を越える —— 滞日ムスリム移民の社会学』（編著、青弓社、2007 年）など。

JIMBUN SHOIN Printed in Japan
ISBN978-4-409-24158-5 C0036

入管を問う
――現代日本における移民の収容と抵抗

二〇二三年六月二〇日　初版第一刷印刷
二〇二三年六月三〇日　初版第一刷発行

著　者　岸見太一／髙谷幸／稲葉奈々子
発行者　渡辺博史
発行所　人文書院
〒六一二‐八四四七
京都市伏見区竹田西内畑町九
電話〇七五（六〇三）一三四四
振替〇一〇〇〇‐八‐一一〇三

装丁　間村俊一
印刷・製本　モリモト印刷株式会社

乱丁・落丁本は送料小社負担にてお取替いたします。

http://www.jimbunshoin.co.jp/

好評既刊書

髙谷幸編著／樋口直人・稲葉奈々子・奥貫妃文・榎井縁・五十嵐彰・永吉希久子・森千香子・佐藤成基・小井土彰宏著

移民政策とは何か　2200円

――日本の現実から考える

移住労働者の定住化を阻止するという政府の方針は、彼らの人権を侵害し、「使い捨て」にすることを意味する。一方で長期的にみれば、ここには人を育てるという視点がない以上、日本社会の「持続可能性」をも奪うだろう。移民研究の第一人者が結集し、政策転換に向けて必要な視座を提示する。

ウィリアム・E・ショイアマン著／森達也監訳／井上弘貴・秋田真吾・藤井達夫訳／安藤丈将解説

市民的不服従　3520円

ガンディー、キングにはじまるその歴史を、近年のBLM、環境運動、ウィキリークスまで踏まえ、ロールズ、アーレント、ハーバーマスを理論的基軸に、実践と概念の変遷を多角的・総合的に論じる。定評あるポリティプレス「キーコンセプツ・シリーズ」の入門書。

パナイー・パニコス著／浜井祐三子・溝上宏美訳

近現代イギリス移民の歴史　7480円

――寛容と排除に揺れた200年の歩み

様々な出自、様々な文化や宗教の移民や難民は、どう社会から排斥され統合されていったのか。200年にわたるイギリスへの移民とその子孫の歴史を詳細にたどりながら、移民経験の複雑さと矛盾とを長期的視点からよみとく。

サンドロ・メッザードラ著／北川眞也訳

逃走の権利　3740円

――移民、シティズンシップ、グローバル化

市民権、国境、法、植民地主義、資本主義、移民の自律性など、制度的問題から思想的課題まで、現代世界を覆う多様な問題を「移民」という視角からクリティカルに読み換える、イタリアから届けられた現代社会論の重要作。

価格は総額　2023年6月現在　税は10%